Das Was Buch

Warum? ... Wann? ... Wie? ...

In dieser Reihe sind bisher erschienen:

Das Warum-Buch
Das Wann-Buch
Das Wie-Buch
Das Wer-Buch

Bibliografische Information Der Deutschen Bibliothek
Die Deutsche Bibliothek verzeichnet diese Publikation in der Deutschen Nationalbibliografie; detaillierte bibliografische Daten sind im Internet über http://dnb.ddb.de abrufbar.

Titel der Originalausgabe: *Le livre des c'est quoi*
Erschienen bei Éditions de La Martinière SA, Paris 2008

Deutsche Erstausgabe

Ein Unternehmen der La Martinière Groupe

Gestaltungskonzept: Elisabeth Ferté
Satz: satz & repro Grieb, München
Druck: Graficas Estella, Estella
Printed in Spain

ISBN 978-3-89660-565-8

www.knesebeck-verlag.de

Das Was Buch

Texte von
Alain Korkos

Illustrationen von
Véronique Deiss

Aus dem Französischen von
Alexandra Beilharz

KNESEBECK

Inhalt

Was bedeutet vernünftig sein?

Bestimmt habt ihr den Satz »Sei doch vernünftig!« von euren Eltern, Lehrern oder anderen Erwachsenen schon oft gehört.

Aber was bedeutet es eigentlich, vernünftig zu sein? Wenn eure Eltern sagen, ihr sollt vernünftig sein, dann meinen sie meistens so etwas wie: »Schrei nicht herum«, »Wirf Omas Blumenvase nicht herunter« oder »Ärgere deine Geschwister nicht«.

Vernünftig sein heißt, andere weder durch Worte noch durch Taten zu verletzen. Stellt euch vor, jeder von uns würde sagen oder tun, wonach ihm gerade der Sinn steht, ohne an seine Mitmenschen zu denken. Dann bekämen wir uns ständig gegenseitig in die Haare, und das Leben in der Gesellschaft wäre unerträglich.

Manchmal kann es auch sein, dass Eltern ihre Kinder bitten, vernünftig zu sein, wenn sie gerade nicht gestört werden möchten. Vielleicht haben sie Sorgen? In diesem Fall ist es besser, eine Weile zu warten, bevor ihr sie wieder ansprecht.

Wenn sie euch allerdings überhaupt nicht zuhören und euch gar keine Aufmerksamkeit schenken, dann könntet ihr schon überlegen, ob ihr Omas Vase einen kleinen Stoß versetzt. Dann merken eure Eltern bestimmt, dass ihr auch noch da seid …

Was passiert am Freitag, dem 13.?

Der in den westlichen Ländern am meisten verbreitete Aberglaube bezieht sich auf Freitag, den 13. Manche Leute glauben, das sei ein Unglückstag, andere halten ihn für einen Glückstag.

Bei den Juden ist der Freitag ein guter Tag, weil am Freitagabend die wöchentliche Ruhezeit, der Sabbat, beginnt. Für die Christen hingegen ist es ein trauriger Tag. Sie glauben nämlich, dass Jesus Christus an einem Freitag gekreuzigt wurde.

Auch die Zahl 13 bringt nach der christlichen Tradition Unglück, denn beim letzten Abendmahl mit Jesus waren 13 Personen anwesend. In den USA wird die Zahl 13 so sehr abgelehnt, dass die Hochhäuser kein 13. Stockwerk und die Hotels kein Zimmer mit der Nummer 13 haben.

Wenn der 13. Tag eines Monats auf einen Freitag fällt, kann das für manche Menschen eine Katastrophe bedeuten! Die krankhafte Angst vor Freitag, dem 13., heißt in der Medizin Paraskavedekatriaphobie. Auf Griechisch bedeutet *paraskevi* nämlich Freitag, *dekatria* 13 und *phobia* Angst.

Es gibt noch viele andere Arten des Aberglaubens. So meinen einige Menschen, dass Unglück droht, wenn eine schwarze Katze von links ihren Weg kreuzt. Wenn man sich das Leben nicht schwer machen möchte, ist es ratsam, nicht abergläubisch zu sein. Mit einer Ausnahme: Es bringt Unglück, das Wort Paraskavedekatriaphobie auszusprechen, denn da bricht man sich sicher die Zunge!

Was ist Doping?

Erfrischungsgetränke wie Cola oder Red Bull enthalten Koffein, einen Stoff, der aufputschend wirkt. Wenn ihr diese Getränke absichtlich zu euch nehmt, um wach zu bleiben, dann dopt ihr euch! Doping bedeutet, bestimmte Dinge einzunehmen, um seine natürlichen Kräfte zu verstärken.

Sollte man einen Sportler bloß wegen ein oder zwei Erfrischungsgetränken verurteilen? Gewiss nicht, zumal diese Getränke nicht gesundheitsschädlich sind. Man muss also zwischen erlaubtem und verbotenem Doping unterscheiden.

Verboten sind Mittel, die nicht frei verkäuflich und gesundheitsschädlich sind. Manche Sportler versuchen, ihre körperliche Leistungsfähigkeit zu steigern, indem sie solche Substanzen zu sich nehmen. Deshalb mussten die Sportverbände eine Liste aller verbotenen Inhaltsstoffe zusammenstellen. Dazu gehören zum Beispiel:

– Wachstumshormone: Mit ihnen kann man einige Zentimeter größer werden als von der Natur vorgesehen. Das ist interessant, wenn man Basketballspieler werden möchte.
– Anabolika: Sie lassen die Muskeln wachsen. Gewichtheber und Schwimmer verwenden sie gelegentlich.
– Salbutamol: Dieses Medikament gegen Asthma lässt den Sauerstoffgehalt im Blut ansteigen. Je höher er ist, desto besser vertragen die Muskeln die Anstrengung.
– Amphetamine: Durch sie vergisst man Hunger und Durst.

Viele Sportler, die unbedingt eine Medaille gewinnen wollten, sind gestorben, weil sie diese gefährlichen Mittel eingenommen haben. Wenn man um jeden Preis gewinnen möchte, ohne sein Leben aufs Spiel zu setzen, gibt es eigentlich nur eine Möglichkeit ... viel trainieren!

1
2
3

Was ist ein Postwertzeichen?

Wenn ihr eurer Großmutter einen Brief aus den Ferien schreibt, kauft ihr auf der Post eine Briefmarke. Ihr verschickt den Brief und bezahlt auch dafür. Das war aber nicht immer so. Früher musste der Empfänger für den Brief bezahlen. Und wenn er den Brief nicht lesen wollte oder kein Geld hatte, dann wurde er an den Absender zurückgeschickt!

Doch die Postdienste wollten die ganzen Briefe, deren Annahme verweigert worden war, bald nicht mehr befördern. Deshalb schlugen die Engländer Rowland Hill und James Chalmers im Jahr 1840 vor, dass die Absender für ihre Briefe bezahlen. Als Zeichen dafür, dass sie bezahlt hatten, wurde ein Bildchen auf den Umschlag geklebt: die Briefmarke.

Am 1. Mai 1840 erschien die erste Briefmarke. Sie kostete einen englischen Penny, war schwarz-weiß und zeigte den Kopf der Königin Victoria. Die Idee der beiden Engländer wurde schnell auch in anderen Ländern übernommen.

Auf einer Briefmarke findet ihr immer zwei Angaben: ihren Preis und den Namen des Landes, aus dem der Brief abgeschickt wird. Nur ein Land der Erde muss seinen Namen nicht auf die Marken schreiben: Großbritannien. Auf diese Weise danken wir den Engländern für ihre Erfindung!

Briefmarken kann man sammeln, das nennt man Philatelie. Die teuerste Marke stammt aus dem Jahr 1855 und kommt aus Schweden. Es gibt nur ein einziges Exemplar von dieser Marke. Deshalb kostet sie auch fast zwei Millionen Euro!

Was ist ein Souffleur?

»Meister Rabe hockte auf einem Baum und hielt im Schnabel einen ... einen ...« – »... Käse!« Wer euch die Antwort da zugeflüstert hat, der müsste eigentlich bestraft werden, denn Vorsagen ist bekanntlich verboten. Außer wenn das ein Beruf ist!

Früher gab es in den Theatern einen kleinen, verborgenen Raum unter der Bühne. Von dort flüsterte ein Souffleur oder eine Souffleuse den Schauspielern, die ihren Text vergessen hatten, ihre nächsten Wörter zu.

Heute gibt es fast keine Souffleure mehr in den Theatern. Liegt das daran, dass die Schauspieler ihren Text besser gelernt haben? Ganz und gar nicht! Es kommt immer noch jeden Abend vor, dass Schauspieler Gedächtnislücken haben.

Was machen sie dann, wenn ihnen der Text entfällt? Sie lassen sich unauffällig von den anderen Schauspielern helfen oder tragen Ohrstöpsel wie die Moderatoren im Fernsehen. In dem Fall sitzt der Souffleur im Regieraum und spricht den Text in ein Mikrofon.

Vergesst also nicht den Ohrstöpsel, wenn ihr das nächste Mal vor eurer Klasse ein Gedicht aufsagen müsst! »Meister Rabe hockte auf einem Baum und hielt im Schnabel einen ... einen ...«

Was bedeutet Recycling?

Leere Plastikflaschen kann man zu Polarwolle verarbeiten und daraus einen Pullover stricken. Aus Limonadendosen kann man ein Fahrrad herstellen. Wenn man Abfall noch einmal verwendet, anstatt ihn wegzuwerfen oder zu verbrennen, nennt man das Recycling. Man recycelt Plastik, Papier, Metall und Glas.

Interessant am Recycling ist, dass man Rohstoffe spart. Statt neues Aluminium in Bergwerken abzubauen, benutzt man das Metall von gebrauchten Dosen, kaputten Heizkörpern oder Rasenmähern. Plastikflaschen werden zu Fäden gesponnen, aus denen man Kleidungsstücke oder Verpackungsmaterial produziert.

Glas ist ein noch interessanteres Material. Eine gebrauchte Flasche ergibt eingeschmolzen eine neue, die man dann wieder einschmelzen kann und immer so weiter. Das Recycling von Abfall trägt also dazu bei, unsere Umwelt zu schützen: Es werden weniger Bäume gefällt, man benötigt weniger Öl zur Plastikherstellung und so weiter.

Doch damit nicht genug: Eine Tonne Recyclingpapier, das aus gepresster Kartonschlacke hergestellt wird, spart zwei Tonnen Holz.

Auch ihr könnt jeden Tag beim Umweltschutz mithelfen, wenn ihr den Müll trennt und Papier, Glas oder Plastik einzeln in die verschiedenen dafür vorgesehenen Sammelbehälter werft.

Was versteht man unter einer Zwangsstörung?

Ein Mann sammelt Plastiktüten. Eine Frau räumt wie besessen auf. Ein anderer überprüft 15-mal hintereinander, ob der Gashahn auch wirklich zugedreht ist. Jemand wäscht sich am Tag 36-mal die Hände oder zählt unaufhörlich alles, was ihm begegnet.

Diese seltsamen Verhaltensweisen nennt man Zwangsstörung. Es handelt sich dabei um eine echte Krankheit, und Menschen, die davon betroffen sind, wissen meistens genau, dass sie völlig sinnlose Dinge tun. Doch sie können einfach nicht anders, und das macht ihnen das Leben sehr schwer.

Stellt euch vor, ihr müsstet andauernd eure Kleider aufräumen und kontrollieren, ob sie auf den Millimeter genau gefaltet sind und Ecke auf Ecke im Kleiderschrank liegen!

Es ist schwierig, eine Zwangsstörung zu behandeln. Die Kranken müssen Medikamente gegen ihre Angst einnehmen und sich einer Behandlung unterziehen. Dabei erklärt ihnen ein Arzt, wie sie gegen die fixen Vorstellungen ankämpfen können.

Wenn jemand zu euch sagt: »Räum dein Zimmer auf!«, erledigt das also lieber gleich. Denn wenn ihr so tut, als hättet ihr Angst, dass das Aufräumen bei euch zu einem echten Zwang wird, glaubt man euch sowieso nicht …

Was bedeutet es, Lust auf etwas zu haben?

Ja, ihr wollt unbedingt dieses Stück Kuchen! Und dazu die leckere Schokomilch! Doch was ist, wenn man euch stattdessen ein einfaches Stück Brot und ein Glas Wasser anbietet?

Wenn ihr das Angebot mit Freude annehmt, bedeutet es, dass ihr wirklich hungrig oder durstig seid. Ihr braucht das Brot und das Wasser, sie sind lebensnotwendig für euch. Wenn ihr aber weiter herumnörgelt und Kuchen und Schokomilch verlangt, dann habt ihr darauf nur Lust. Auf etwas Lust zu haben bedeutet, sich etwas zu wünschen, was man nicht unbedingt braucht.

Manchmal handelt es sich dabei um Dinge, die für euch oder eure Eltern zu teuer sind. Und wenn ihr nicht bekommt, was ihr wollt, stampft ihr mit den Füßen auf oder werdet traurig. In diesem Fall verwandelt sich die Lust in Enttäuschung.

Manchmal geben eure Eltern nach. Und wenn ihr das Gewünschte bekommt, genießt ihr es gar nicht richtig. Dann war eure Lust also nur eine Laune: Ihr wolltet etwas haben, damit eure Eltern euch einen Wunsch erfüllen. Und zuletzt hat euch das Gewünschte gar keine Freude bereitet ...

Noch einmal zurück zu dem Kuchenstück und der Schokomilch. Wenn euch diese beiden Dinge anspornen, später Konditor oder Schokoladenfabrikant zu werden, sieht die Sache anders aus! Dann ermutigen sie euch zu einer besonderen Leistung. In einem solchen Fall kann eure Lust auf etwas richtig positiv sein und als Antrieb dienen.

Was versteht man unter künstlicher Intelligenz?

Gebt es ruhig zu: Ihr wärt manchmal gerne ein Computer, den man mit 300 Gramm künstlicher Intelligenz zum Preis von fünf Euro pro Kilogramm füttern könnte. Vor Klassenarbeiten wäre das praktisch! Leider ist es nicht möglich, denn unser Gehirn lässt sich nicht vergrößern. Nur Maschinen verfügen über künstliche Intelligenz.

Wenn ihr Schach gegen einen Schachcomputer spielt, rechnet dieser, nachdem ihr einen Zug gemacht habt, alle Möglichkeiten durch, bevor er selbst eine seiner Figuren bewegt. Er sucht also die beste Lösung aus einer riesigen Menge an Lösungsmöglichkeiten heraus.

Der Computer verfügt über eine schwache künstliche Intelligenz: Er kann nämlich nichts dazulernen. Aus diesem Grund kann ein Mensch ihn ab und zu besiegen!

Wissenschaftler arbeiten daran, für die Zukunft Maschinen mit starker künstlicher Intelligenz zu entwickeln, die sich neuen Situationen anpassen können. Diese Maschinen könnten verstehen und lernen. Sie würden, ja, das ist verrückt, nicht mehr nur logisch funktionieren, sondern denken.

Um das zu erreichen, müsste man elektronische Kreisläufe herstellen, die wie die Neuronen in unserem Gehirn funktionieren. Aber ein Problem gibt es dabei: Wenn eine Maschine wie ein Mensch denkt und außerdem noch viel schneller rechnet, will sie dann nicht auch die Macht über die Menschen übernehmen?

Was führte zum Bau des Turms von Babel?

In der Bibel steht, dass früher einmal alle Menschen dieselbe Sprache sprachen. Doch die Menschen wollten Gott ähnlich werden und begannen, einen riesig hohen Turm zu bauen. Dessen Spitze sollte bis an den Himmel reichen.

Gott sah dies als Zeichen des Hochmuts an, und das war eine Sünde. Um zu verhindern, dass der Turm gebaut wurde, beschloss er, verschiedene Sprachen zu schaffen, »damit keiner des anderen Sprache verstehe«.

Von diesem Augenblick an konnten sich die Menschen nicht mehr miteinander unterhalten. Und weil Gott das noch nicht reichte, »zerstreute sie der Herr in alle Länder, dass sie aufhören mussten, die Stadt zu bauen«. So entstanden die unterschiedlichen Völker und Sprachen der Welt. Der tiefere Sinn dieser Geschichte ist, dass der Mensch bescheiden bleiben und sich nicht mit Gott vergleichen sollte.

Das Wort Babel entstammt einer Sprache Mesopotamiens aus der Zeit um 3000 Jahre vor Christus. Es bedeutet »Tor Gottes« oder »Stadt Gottes«. Wahrscheinlich leitet sich davon auch unser Wort Gebabbel ab, das ursprünglich eine unverständliche Babysprache bezeichnete.

Zur selben Wortfamilie gehört auch das Verb babbeln, das meint: viel sprechen, ohne wirklich etwas zu sagen.

Sprechen Sie Englisch?

Was ist Instinkt?

Wenn ihr aus der Schule kommt und euch sofort die Fernbedienung des Fernsehers schnappt, dann behauptet nicht: »Ich kann nichts dagegen tun, das ist mein Instinkt!«

Nein, so etwas geschieht nicht instinktiv. Wenn ihr euch allerdings über eine Packung Kekse hermacht, ja, dann geschieht das instinktiv.

Euch die Fernbedienung zu schnappen habt ihr euch angewöhnt. Man nennt das auch ein erlerntes Verhalten. Sich auf die Kekse zu stürzen dagegen hat etwas mit dem Instinkt oder Naturtrieb zu tun: Niemand hat euch beigebracht, dass ihr essen müsst. Das wisst ihr schon seit eurer Geburt. Man nennt das auch ein angeborenes Verhalten.

Bis vor Kurzem dachte man, alle Lebewesen verfügten über zwei Arten von Instinkt: den Selbsterhaltungstrieb und den Fortpflanzungstrieb. Wenn das Haus brennt, stürzt ihr ins Freie, um nicht in den Flammen zu sterben. Da macht sich euer Selbsterhaltungstrieb bemerkbar.

Der Fortpflanzungstrieb bringt Tiere dazu, Junge zu zeugen. Lange Zeit glaubte man, dieser Wunsch nach Nachkommenschaft sei auch bei den Menschen ein Naturtrieb, besonders bei den Frauen. Doch einige von ihnen wollen keine Kinder. Haben sie den Fortpflanzungstrieb verloren, oder hatten sie ihn nie? Man weiß es nicht genau.

Vielleicht wollen sie ja nur keine Kinder, damit sie die Fernbedienung immer ganz für sich alleine haben!

Was ist ein Chip?

Nein, hier geht es nicht um die leckeren Kartoffelchips, die ihr vor dem Fernseher knabbert. Ein Chip ist ein ganz kleiner Gegenstand, den man auch als integrierten Schaltkreis oder als Mikroprozessor bezeichnet. Das ist nichts anderes als ein winziger Computer mit einem Speicher, vergleichbar mit einer ganz kleinen Rechenmaschine.

Wenn man zum Beispiel eine Scheckkarte in einen Geldautomaten steckt, liest dieser den Chip auf unserer Karte und erfährt so, welche Kontonummer und welche Geheimzahl wir haben. Wenn wir diese Zahl richtig eintippen, spuckt der Automat das gewünschte Bargeld aus. Auch im Handy steckt ein solcher Chip, die sogenannte SIM-Karte. Auf ihr sind unsere PIN-Nummer, das Adressbuch und die Art unseres Vertrags gespeichert.

Das Wort Chip kommt übrigens aus dem Englischen und bedeutet ursprünglich Splitter oder Scheibchen. Aus dem gleichen Grund – nämlich weil er so winzig klein ist – wird der Chip in Frankreich *puce* genannt, das heißt Floh.

Tatsächlich gibt es diese ganz besonderen Flöhe mittlerweile überall! In Telefonkarten, Personalausweisen, Versicherungskarten und den Reisepässen mancher Länder, in Monatskarten für den öffentlichen Nahverkehr, in Spielkonsolen und natürlich in allen Computern.

Was war der Holocaust?

Ursprünglich bezeichnete das Wort Holocaust ein Tieropfer, das die Juden im Altertum Gott darbrachten, sowie allgemein ein Opfer.

Im Lauf der Geschichte nahm das Wort aber eine andere Bedeutung an. Als Hitler 1933 in Deutschland die Macht ergriff, beschlagnahmte er den Besitz der Juden und gab ihnen die Schuld an allem Bösen in der Welt. Dann ließ er sie in abgetrennte Stadtviertel, die Gettos, einschließen, wo sie unter erbärmlichen Bedingungen leben mussten.

1939 brach der Zweite Weltkrieg aus. Hitler befahl im Jahr 1941, dass alle Juden in Europa vernichtet werden sollten. So wurden etwa sechs Millionen Männer, Frauen und Kinder getötet, einzig aus dem Grund, weil sie Juden waren. Seither versteht man unter Holocaust vor allem die Vernichtung des jüdischen Volkes in der Zeit des Nationalsozialismus.

Jedes Jahr wird in vielen Ländern der Welt an den Holocaust erinnert. Man nennt den Holocaust auch Schoah, was auf Hebräisch Katastrophe bedeutet.

Indem man diese größte Katastrophe des 20. Jahrhunderts immer wieder ins Gedächtnis ruft, will man verhindern, dass etwas Ähnliches noch einmal irgendwo geschehen kann.

Was sind Fresken?

Fresken sind Wandmalereien, die überwiegend in den Kirchen des Mittelalters und der Renaissance zu finden sind. Doch nicht alle Wandmalereien sind automatisch Fresken. Wenn ihr Figuren auf die Wand in eurem Zimmer malt, ist das vielleicht ein Meisterwerk, aber noch lange kein Fresko (so heißt das Wort in der Einzahl).

Das Wort Fresko kommt vom italienischen *a fresco*, was auf Deutsch »auf das Frische« bedeutet. Bei einem Fresko wird das Gemälde nämlich auf eine Wand mit noch feuchtem Putz gemalt. Diese Maltechnik ist ziemlich schwierig. Zuerst muss die Wand vorbereitet werden, indem man zwei Schichten einer Mischung aus Kalk, Sand und Wasser aufträgt.

Dann beginnt die Vorzeichnung, wobei der Maler Stück für Stück arbeiten muss. Zuerst trägt er auf einer Fläche von ungefähr einem Quadratmeter eine dritte Schicht Kalk auf. Auf diesen Teil kopiert er einen Teil der vorgesehenen Zeichnung. Dann trägt er sofort die Farben auf, bevor die Wand wieder trocknet. Danach nimmt er den nächsten Quadratmeter in Angriff. Und immer so weiter …

Wenn der Kalk trocknet, kommt es zu einer chemischen Reaktion, durch welche die Farben auf der Wand fixiert werden. Auf diese Weise wird die Malerei quasi im Kalk gefangen und kann so die Jahrhunderte überdauern.

Die Decke der Sixtinischen Kapelle in Rom ist mit Fresken bedeckt, die Michelangelo vor 500 Jahren gemalt hat! Ein mit Dosenfarbe hingesprühtes Graffito wäre sicher schneller fertig gewesen, doch das wäre nach so langer Zeit bestimmt schon verblasst …

Was ist eine Frage?

Wie viel Uhr ist es? Wer hat den ganzen Kuchen aufgegessen? Was ist eine Frage? Diese drei Sätze sind Fragen, die jemand stellt, der eine Antwort erwartet. Geschriebene Fragen erkennt man an ihrem Fragezeichen am Satzende.

Im Mittelalter zwang man Angeklagte unter Folter dazu, etwas zuzugeben, und nannte das »peinliche Befragung«. Niemand konnte sich gegen diese Befragungen wehren, weil sie so grausam waren.

Heute quält man selbstverständlich niemanden mehr, um Antwort auf bestimmte Fragen zu bekommen. Eine Befragung findet in unserer Zeit oft mithilfe eines Fragebogens statt, den man ausfüllen muss.

Der Fragebogen kann drei Arten von Fragen enthalten. Es gibt die offene Frage, auf die jeder unterschiedlich antworten kann, und die geschlossene Frage, die mit Ja oder Nein beantwortet wird. Beim Multiple-Choice-Verfahren muss man aus mehreren vorgeschlagenen Antworten die zutreffende auswählen und ankreuzen.

Die Frage »Wie spät ist es?« beantworten wir, indem wir die genaue Uhrzeit nennen. Auf die Frage »Hast du den ganzen Kuchen aufgegessen?« antworten wir selbstverständlich: »Nein, ICH war das nicht, bestimmt nicht … dass auf meinem Pulli Krümel zu sehen sind, ist ein unglücklicher Zufall.« Und auf die Frage »Was ist eine Frage?« entgegnen wir, dass die Antwort hier zu lesen steht. Richtig geantwortet?

Was ist ein Virus?

Die Windpocken werden von einem Virus ausgelöst. Ein solcher Virus besteht aus winzig kleinen Teilchen, sogenannten Molekülen, die sich zusammengeschlossen haben. Insgesamt misst ein Virus nur zwischen zehn und 400 milliardstel Meter. Mit bloßem Auge ist er nicht zu erkennen.

Ein Virus richtet sich wie ein Hausbesetzer in einer menschlichen Zelle ein. Dort, im Warmen, vermehrt er sich und sorgt dafür, dass die Krankheit, die er überträgt, ausbrechen kann. Doch woher kommen diese kleinen Tierchen? Wie fängt man sie sich ein? Schnupfen und Masern werden durch die Luft verbreitet, wenn man niest. Der Aidsvirus wird über das Blut übertragen, zum Beispiel beim Geschlechtsverkehr oder von der schwangeren Frau auf das ungeborene Kind.

Wenn man einen Virus hat, kann man Medikamente dagegen einnehmen. Allerdings können diese den Virus nicht beseitigen, sondern verlangsamen nur die Ausbreitung der Krankheit.

Der beste Schutz vor einem Virus besteht darin, sich gegen die Krankheit impfen zu lassen, damit man sie erst gar nicht bekommt. An Masern kann man im schlimmsten Fall sterben. Deshalb werden in den Entwicklungsländern immer wieder große Impfaktionen gegen Masern durchgeführt.

Auch gegen Grippe oder gegen Gelbfieber kann man sich impfen lassen. Doch es gibt noch keine Impfung gegen die Krankheit Aids.

Was ist eine Konservenbüchse?

Folgt dieser Anleitung: Schüttet Erbsen und kleine Karotten in eine Blechdose, saugt die Luft heraus, verschließt sie schnell, und erhitzt sie auf 120 Grad Celsius, um alle Bakterien darin abzutöten. Schon habt ihr eure Konservenbüchse mit Möhren und Erbsen!

Dieses Verfahren wurde 1795 von dem Franzosen Nicolas Appert erfunden. Zu jener Zeit waren es noch Glasbehälter, in denen man die Lebensmittel luftdicht verschloss und aufbewahrte. 1810 hatte der Engländer Peter Durand die Idee, billigere Dosen aus Weißblech herzustellen. Da er es aber versäumt hatte, auch den Dosenöffner zu erfinden, benutzte man damals zum Öffnen … Hammer und Meißel!

Der erste Dosenöffner wurde im Jahr 1858 von dem Amerikaner Ezra Warner erfunden. Das war eine Kurbelmaschine, die an der Tischkante befestigt wurde, ein bisschen wie ein Schraubstock. Heute gibt es elektrische Dosenöffner sowie Dosen, die sich ohne Öffner aufmachen lassen, und Tiefkühlgerichte.

Bei den Tiefkühlgerichten ist das Herstellungsverfahren genau umgekehrt zu den Konserven: Man setzt die Lebensmittel, also unsere Erbsen und Karotten, einer Temperatur zwischen minus 35 und minus 196 Grad Celsius aus. Dadurch gefriert das in ihnen enthaltene Wasser. Dann müssen die eingefrorenen Lebensmittel im Tiefkühlfach bei weniger als minus 18 Grad Celsius aufbewahrt werden. So bleiben sie lange frisch und genießbar.

Wenn euch Erbsen und Karotten nicht schmecken, schaut trotzdem mal ins Tiefkühlfach. Manchmal liegt da auch Vanilleeis!

Hätten Sie vielleicht einen Dosenöffner?
SARDINES

Was ist Blindenschrift?

Schaut euch mal die Verpackungen mancher Fertiggerichte an. Darauf sind kleine hervorstehende Punkte eingeprägt, das ist Blindenschrift. Sie ermöglicht es blinden Menschen, sich im Supermarkt zwischen Lasagne und Gulasch zu entscheiden. Diese spezielle Schrift wurde 1829 von dem Franzosen Louis Braille, der selbst blind war, erfunden.

Wie liest man Blindenschrift? Stellt euch einen Dominostein mit sechs Punkten vor. Wenn nur der Punkt oben links herausragt, bedeutet das den Buchstaben A. Wenn der Punkt darunter ebenfalls hervorsticht, haben wir das B. Die beiden Punkte in der oberen Reihe ergeben ein C. Und so weiter …

So kann man aus nur sechs Punkten 64 mögliche Kombinationen herstellen. Damit lassen sich alle Buchstaben des Alphabets und die Satzzeichen darstellen.

Das Besondere an diesem System ist, dass man damit in allen Sprachen, die unser lateinisches Alphabet benutzen, schreiben und lesen kann. Nur einen kleinen Nachteil gibt es: Damit die Punkte mit der Fingerspitze ertastet werden können, müssen die Buchseiten recht dick sein. Was schätzt ihr, wie viel ein Band von *Harry Potter* in Blindenschrift wiegt?

Er muss auf neun Bände verteilt werden und wiegt insgesamt fünf Kilo …

Was ist ein Vegetarier?

Das Wort Vegetarier ist vom englischen *vegetable* abgeleitet, was auf Deutsch Gemüse heißt. Tatsächlich essen Vegetarier sehr viel Gemüse, aber wichtiger ist: Sie essen kein Fleisch und keinen Fisch. Manche verzichten außerdem auf Eier, Milch, Käse, Joghurt und Quark.

Viele Vegetarier verzehren keine tierischen Lebensmittel, weil sie nicht wollen, dass Tiere ihretwegen leiden müssen.

Bestimmte Religionen verbieten es ihren Anhängern sogar, Fleisch zu essen. Indische Yogis zum Beispiel ernähren sich vegetarisch.

Besonders strenge Vegetarier sind die Veganer. Sie lehnen alle tierischen Produkte ab, essen also auch keinen Honig und tragen keine Lederschuhe, weil die aus Tierhaut gemacht sind. Außerdem verwenden sie möglichst keine Medikamente oder Kosmetika, die mithilfe von Tierversuchen hergestellt wurden. Sie reiten nicht, gehen nicht in den Zoo und setzen sich sehr für den Tierschutz ein.

Ob ihr nun ganz auf Fleisch verzichten wollt oder nicht, bestimmt tut es euch gut, statt des panierten Schnitzels oder der Wurst auch einmal Salat und Gemüse zu essen!

Was ist ein Weltwunder?

Vielleicht habt ihr schon einmal gehört, wie jemand etwas als achtes Weltwunder bezeichnet hat. Wisst ihr, was damit gemeint ist? Und warum das achte Weltwunder? Was ist mit dem siebten? Und mit dem sechsten?

Bei den sieben Weltwundern handelt es sich um die am meisten bewunderten Bauwerke der Antike. Philon von Byzanz, ein Schriftsteller, der sich mit Naturwissenschaft beschäftigte und im 3. Jahrhundert vor Christus in Alexandria in Ägypten lebte, stellte sie in einer Liste zusammen.

Die Weltwunder sind:
– die Hängenden Gärten der Semiramis (Irak)
– die Zeusstatue von Olympia (Griechenland)
– der Artemistempel in Ephesos (Türkei)
– das Grab des Königs Mausolos von Karien (Kleinasien) in Halikarnassos (heute Bodrum in der Türkei)
– der Koloss von Rhodos (Griechenland), eine riesige Statue des Sonnengottes Helios
– der Leuchtturm von Alexandria (Ägypten)
– die Große Pyramide von Gizeh (Ägypten)

Von diesen sieben Bauwerken steht nur noch die Pyramide. Doch immerhin haben Archäologen Überreste des Leuchtturms im Hafen von Alexandria gefunden.

So, und jetzt lest die Liste noch dreimal durch. Könnt ihr die sieben Weltwunder ohne Spickzettel auswendig aufsagen? Das schafft fast nie jemand, man vergisst immer mindestens eines. Manchmal wird das Wort Weltwunder aber auch verwendet, um etwas ganz Außergewöhnliches zu bezeichnen. Dann spricht man von einem achten Weltwunder.

Was ist ein Windrad?

Wenn ihr ein auf dem Jahrmarkt gekauftes Windrad anpustet, dreht sich das kleine Flügelrad im Kreis, angetrieben nur vom Luftzug, den ihr beim Pusten erzeugt.

Ähnlich funktionieren die riesigen Windräder, die wir sehen können, wenn wir übers Land fahren. Ihr Flügelrad befindet sich an der Spitze eines Masts. Der Wind dreht das Flügelrad, das wiederum einen elektrischen Generator antreibt. Das ist ein Motor, der aus einem Elektromagneten und einer Spule Metalldraht besteht. Er produziert den Strom, der anschließend in das Stromnetz eingespeist wird.

Manche dieser Windräder haben einen bis zu hundert Meter hohen Mast, damit sie so viel Wind wie möglich abbekommen. Ihre Flügelblätter werden aus Epoxidharz, einem sehr widerstandsfähigen Kunststoff, hergestellt und können bis zu 60 Meter lang sein!

Der Vorteil solcher Windräder ist, dass sie Energie liefern, ohne die Umwelt zu verschmutzen. Der Nachteil ist, dass die Landschaft nicht mehr so schön aussieht, wenn darin fünf oder zehn Windräder stehen. Dieses Problem vermeidet man, indem man die Windräder mitten im Meer aufstellt. Dort sieht man sie kaum, und sie produzieren auch mehr Energie, weil es auf offenem Meer viel mehr Wind gibt.

Was meint ihr, wie viel Strom ihr herstellen könnt, wenn ihr eine Stunde lang euer Windrädchen vom Jahrmarkt anpustet?

Was sind Hochbegabte?

Hochbegabt ist jemand, der eine höhere oder eine ganz andere Art von Intelligenz aufweist als die meisten Menschen. Wenn ein normal begabter Mensch eine Aufgabe lösen muss, denkt er erst einmal nach und sagt anschließend: »Die Sache sieht so oder so aus, und ich schlage aus diesem oder jenem Grund folgende Lösung vor.«

Bei einem Hochbegabten kann sich das ganz anders verhalten. Er betrachtet die Aufgabe, stellt Verbindungen zu anderen Gebieten her, die auf den ersten Blick nichts mit dem Problem zu tun haben, und kommt schließlich weitaus schneller als normale Menschen zu einem Ergebnis. Ein Hochbegabter denkt anders, und es ist sehr schwierig zu verstehen, wie sein Denken abläuft.

Oft ist ein hochbegabtes Kind frühreif. Es interessiert sich für Dinge, von denen die anderen Kinder seines Alters noch nie etwas gehört haben!

Ein hochbegabter Schüler ist nicht unbedingt besser in der Schule. Nicht selten ist sogar das Gegenteil der Fall. Manchmal langweilt er sich, trödelt herum und findet keine Freunde, weil er sich unterfordert fühlt oder merkt, dass er anders ist als seine Mitschüler. Wenn ihr in der Schule ganz schlecht seid, könnt ihr ja mal sagen: »Dafür kann ich nichts, ich bin hochbegabt!« Aber, Achtung, wenn ihr dann bei einem Intelligenztest ganz normal abschneidet, bekommt ihr wahrscheinlich Schwierigkeiten ...

Was bedeutet »gegen Windmühlen kämpfen«?

Wenn man sagt, dass jemand gegen Windmühlen kämpft, meint man, dass er einen unnötigen, sinnlosen Kampf führt. Meistens ist das ein Kampf mit einem guten Ziel, der aber leider schon von vorneherein verloren ist.

Die Redewendung stammt aus dem Roman *Don Quijote de la Mancha*, den der spanische Schriftsteller Miguel de Cervantes am Anfang des 17. Jahrhunderts geschrieben hat. Don Quijote ist ein Adliger, der sich für alte Ritterromane begeistert. Eines Tages beschließt er, selbst Ritter zu werden, und macht sich auf zu einer Reise durch Spanien. Begleitet wird er dabei von seinem alten Gaul Rosinante und seinem treuen Diener Sancho Pansa.

Die drei erleben verrückte Abenteuer, so verrückt, wie Don Quijote selbst es ist. Zum Beispiel wird in der Fantasie des »Ritters von der traurigen Gestalt« (das ist der Beiname Don Quijotes) ein Gasthof zu einem verzauberten Schloss und eine Dienerin zu einer vornehmen Prinzessin.

Einmal entdeckt Don Quijote eine Armee von Riesen, die sich ihm auf dem Gipfel eines Hügels entgegenzustellen scheinen. »Zauberer schicken sie, um mich niederzuwerfen!«, sagt er zu sich und treibt Rosinante zum Galopp an. Er richtet seine lange Lanze auf die Riesen und stürmt mit vollem Karacho auf sie zu … auf friedliche Windmühlen, deren Flügel sich gemächlich im Wind drehen.

Wozu das gut sein soll, gegen Windmühlen zu kämpfen? Eben zu nichts. Aber es steckt doch eine lustige Geschichte dahinter!

Was sind Halluzinationen?

Plötzlich hört ihr eine Stimme aus dem Nichts, die euch befiehlt, aufzustehen und den Kühlschrank zu plündern. Denkt nicht weiter darüber nach, das ist nur eine Sinnestäuschung oder Gehörhalluzination.

Viele Menschen glauben, Halluzinationen beziehen sich nur auf das Sehen. Wusstet ihr, dass sie alle fünf Sinne betreffen können? Die Gehörhalluzination scheint die häufigste zu sein. Jemand glaubt, Stimmen zu hören und ihrem Befehl folgen zu müssen. So dachte etwa Jeanne d'Arc, die berühmte Jungfrau von Orléans, die Stimme Gottes zu hören, der sie aufforderte, Frankreich von den Engländern zu befreien.

Gesichtshalluzinationen, also Sinnestäuschungen beim Sehen, haben vor allem Menschen, die alkoholsüchtig sind. Sie sehen Spinnen, Skorpione oder weiße Mäuse, die über ihr Bett laufen. Igitt... Dabei sind das reine Erfindungen des alkoholkranken Gehirns.

Doch auch wenn man kein Alkoholiker ist, kann es passieren, dass man solche Halluzinationen hat, zum Beispiel in dem Augenblick unmittelbar vor dem Einschlafen. Der Geist ist dann bei Bewusstsein, aber der Körper ist wie gelähmt. In diesem Moment sieht man seltsame Dinge, kann aber nicht darauf reagieren.

Das kann einen ziemlich erschrecken, auch wenn es nur ein paar Sekunden dauert. Aber zum Glück kommt das nur sehr selten vor. Uff! Da ist es wohl doch besser, Stimmen zu hören, die einen zur Plünderung des Kühlschranks auffordern!

Was ist die Klagemauer?

Die Klagemauer liegt mitten in der Jerusalemer Altstadt in Israel. Sie ist der heiligste Ort der jüdischen Religion. Ihren Namen erhielt sie im Jahr 1948 von Engländern, die beobachteten, wie Juden ihren Kopf gegen die Mauern lehnten, und dachten, die Juden würden weinen. Die Juden selbst nennen sie Westliche Mauer, weil sie nach Westen hin liegt.

Um zu verstehen, weshalb diese Steinmauer als heilig gilt, unternehmen wir eine kleine Zeitreise. Der Bibel zufolge übergab Gott Moses auf dem Berg Sinai die Tafeln mit den Zehn Geboten. Diese Tafeln wurden in einer mit Gold überzogenen Truhe, der Bundeslade, aufbewahrt. Die Bundeslade wiederum befand sich in einem Tempel, den König Salomo in Jerusalem im 10. Jahrhundert vor Christus erbauen ließ.

Im Lauf der Zeit wurde dieser Tempel zerstört, aufgebaut und wieder zerstört. Über 1200 Jahre lang dachte man, dass nichts von ihm übrig geblieben sei. Bis man dann 1948 die alte Westmauer des Tempels wiederentdeckte. Damals war Jerusalem eine geteilte Stadt, und die Altstadt gehörte zu Jordanien.

Als die Israelis 1967 im sogenannten Sechstagekrieg die Stadt besetzten, eroberten sie die Mauer und damit den Rest des alten Tempels zurück. Nur die Bundeslade scheint für immer verschwunden zu sein …

Was bedeutet Wiedergeburt?

»In meinem nächsten Leben möchte ich als Kuh zur Welt kommen.« »Und ich als rot getupfter gelber Pilz.«

Der Glaube an die Wiedergeburt kommt aus Indien und ist Teil der hinduistischen Religion. Im Hinduismus glaubt man, dass Gott eine Kastenordnung geschaffen hat. Diese besagt, dass die Gesellschaft in vier Kasten, also Schichten, unterteilt ist. An oberster Stelle stehen die Priester, dann folgen die Politiker und Krieger, die Künstler und schließlich die Diener und Arbeiter. Darunter stehen die sogenannten Parias, die keiner Kaste angehören. Sie gelten weniger als nichts, und man nennt sie auch Unberührbare.

Die Hindus glauben, der Körper sei nur eine Hülle für die Dauer des Lebens, die Seele hingegen unsterblich.

Demzufolge gibt es, wenn ein Mensch stirbt, zwei Möglichkeiten: Wenn er auf der Erde gute Werke getan hat, wird er in einer höheren Kaste wiedergeboren. Wenn er sich schlecht verhalten hat, kommt er nach seinem Tod in einer niedrigeren Kaste, als Tier oder als Pflanze zur Welt. Das nennt man den Kreislauf der Wiedergeburt.

Ziel aller Hindus ist es, diesen Kreislauf der Wiedergeburt zu verlassen. Dafür müssen sie so oft wiedergeboren werden, bis sie eine göttliche Stufe erreicht haben. Ist ihnen das gelungen, befinden sie sich endlich im Nirwana, dem Paradies, und sind davon erlöst, wiedergeboren zu werden und zur Erde zurückkehren zu müssen.

Was ist ein Einhorn?

Glaubt ihr an den Yeti? An das Ungeheuer von Loch Ness? Oder an Einhörner? Das Einhorn ist ein Fabeltier, das einem Pferd oder einer Ziege ähnelt, aber nur ein einziges Horn hat, das wie eine Kordel aussieht und in der Mitte seiner Stirn sitzt.

Die Legende besagt, dass ein Einhorn tausend Jahre alt wird und dass sein Horn, wenn man es zu Puder zerstößt, als Mittel gegen Gift eingesetzt werden kann. Deshalb wollte jeder König und jeder Fürst im Mittelalter ein Einhorn besitzen. Allerdings ist es nicht leicht, ein Tier zu fangen, das es gar nicht gibt!

Daher besaßen die Mächtigen früher stattdessen ein Horn, das nichts anderes war als der Zahn eines Narwals. Das ist ein Wal, dessen Zahn drei Meter lang werden kann. Man nennt ihn auch Einhornwal.

Es gab aber noch ein anderes Tier, das die Könige des Mittelalters begeisterte: der Löwe. Der König der Tiere gilt als Zeichen von Macht und Erhabenheit und wird oft mit dem Einhorn zusammen dargestellt. Beispielsweise findet man die beiden Tiere im Wappen Großbritanniens: Der Löwe steht für England, das Einhorn für Schottland.

Übrigens kommt es bei Ziegen manchmal vor, dass ihre beiden Hörner zusammenwachsen. Nein, ihr träumt nicht, wenn ihr so einer Ziege begegnet. Aber das Einhorn aus dem Märchen habt ihr trotzdem nicht entdeckt. Schade eigentlich.

Was sind Eisheilige?

»Pankraz und Urban ohne Regen bringen großen Erntesegen«, so lautet eine alte Bauernregel zu den Eisheiligen.

Landwirte und Gärtner haben festgestellt, dass ihre Pflanzen um den 11., 12. und 13. Mai herum oft durch einen späten Frühjahrsfrost zerstört werden. Deshalb beten sie zu Mamertus, Pankratius und Servatius, sie vor dieser späten Kälte zu bewahren. Wenn zwischen dem 11. und dem 25. Mai (dem Namenstag des heiligen Urban) kein Frost mehr eintritt, atmen die Bauern auf: Ihre Ernte ist gerettet!

1960 wurden drei Eisheilige aus dem Heiligenkalender der katholischen Kirche gestrichen, weil sie auf einen sehr alten Volksglauben aus vorchristlicher Zeit zurückgingen. Sie wurden ersetzt durch katholische Heilige, deren Lebensführung vorbildlich für jeden Christen ist, wie zum Beispiel die heilige Estelle und den heiligen Achilleus. Dass Urban, der vierte Eisheilige, erhalten blieb, verdankt er der Tatsache, dass er im 3. Jahrhundert Papst war.

Jedenfalls sind uns die alten Bauernregeln zu den Eisheiligen noch heute bekannt und werden Jahr für Jahr wiederholt: »Ist Sonnenschein am Urbanstag, gedeiht der Wein nach alter Sag'.«

Was heißt bio?

Wenn alle Karotten genau gleich viel wiegen würden und die exakt gleiche Form hätten, wenn Joghurts aus chemischer Milch hergestellt würden, dann wäre das nicht mehr natürlich: Zum Glück ist das nicht so!

Trotzdem würden manche Landwirte gern perfekte Karotten ernten. Bisher dürfen sie dafür zwar keine Gentechnik einsetzen (das sind gezielte Eingriffe in das Erbgut), aber sie verwenden chemische Mittel wie zum Beispiel Gift gegen Pflanzenschädlinge.

Leider schaden diese Giftstoffe auch dem Menschen. Außerdem gelangen 90 Prozent davon in den Boden, statt auf den Pflanzen haften zu bleiben. Diese Stoffe sind langlebig, und sie verschmutzen die Erde, so dass darin irgendwann nichts mehr wachsen und gedeihen kann. Zudem verseuchen sie das Grundwasser und unser Trinkwasser.

Diese Umweltverschmutzung versucht man zu vermeiden, indem man Bioprodukte anbaut. Bio ist die Abkürzung von biologisch. Wenn ein Nahrungsmittel bio ist, heißt das, dass es ohne Pflanzenschutzmittel und mit sehr wenig chemischen Zusatzstoffen angebaut oder hergestellt wurde.

Man darf hoffen, dass sich die biologische Landwirtschaft noch weiter entwickelt. Derzeit werden nur etwa vier Prozent der europäischen Ackerflächen auf diese Weise bestellt. Das ent spricht 6,9 Millionen Hektar (1 Hektar sind 10 000 Quadratmeter). In den USA und in Kanada werden sogar nur 2,2 Millionen Hekta Ackerfläche biologisch bebaut. Esst mehr gesunde Biokarotten, davon bekommt ihr nämlich schöne rote Bäckchen!

Was ist ein Vampir?

Der berühmteste Vampir heißt Dracula. Er wurde am Ende des 19. Jahrhunderts von dem irischen Schriftsteller Bram Stoker erfunden. Seither wurde seine Geschichte viele Male verfilmt.

Oft wird er so dargestellt: Er trägt einen Smoking und einen schwarzen Umhang, der innen rot gefüttert ist. Er wohnt in einem Schloss in Transsilvanien (das liegt in Rumänien) und schläft in einem Sarg. Er ist ein lebender Toter, der das Tageslicht hasst. Ach ja, und er hat sehr spitze Eckzähne, mit denen er lebenden Menschen in die Halsschlagader beißt, um ihr Blut zu trinken. Ganz egal, welche Blutgruppe sein Opfer hat, da ist er nicht wählerisch.

Wie kann man wissen, ob man es mit einem echten Vampir zu tun hat? Nichts leichter als das! Erstens zeigen Spiegel sein Spiegelbild nicht. Zweitens verabscheut er Knoblauch. Und drittens fürchtet er nichts mehr als Weihwasser und das Kruzifix.

Trotzdem müsst ihr nicht ständig einen Spiegel, eine Knoblauchzehe, ein Kreuz und Weihwasser mit euch herumtragen: Es gibt nämlich keine Vampire. In den Legenden fliegen Vampire tagsüber oft als Fledermäuse herum.

Deshalb werden böse Wesen in der Kunst oft mit Fledermausflügeln dargestellt. In Südamerika gibt es sogenannte Vampirfledermäuse. Sie lassen sich auf schlafenden Kühen oder Pferden nieder, beißen sie und saugen dann Blut aus ihnen. So ernähren sie sich. In China gelten Fledermäuse hingegen sogar als Glücksbringer.

Was ist nichts?

Wenn man sagt: »Wir haben nichts im Kühlschrank«, bezieht sich das Wort »nichts« lediglich auf Essbares. Denn auch wenn nichts zu essen drin ist, so sind doch Aufbewahrungsfächer und meistens auch einige Flaschen sowie Senf- oder Mayonnaisetuben im Kühlschrank.

Wenn man sagt: »Der Kühlschrank ist leer!«, ist das eigentlich immer falsch. Schließlich enthält der Kühlschrank auch Luft, und diese Luft besteht aus Milliarden von Molekülen. Selbst wenn man die Luft und damit alle Moleküle aus dem Kühlschrank heraussaugen wollte, würde einem das nicht gelingen. Die leerste Leere, die sich herstellen lässt, enthält nämlich immer noch zwei Millionen Luftmoleküle pro Kubikzentimeter!

Völlige Leere gibt es also nicht, weder auf der Erde noch im Weltall. Ein Kühlschrank mit nichts zu essen darin, das kommt vor, aber ein ganz leerer Kühlschrank ist völlig unmöglich. Man darf also »nichts« nicht mit Leere verwechseln. Nichts bedeutet, dass etwas fehlt, aber nicht, dass alles fehlt: Im Kühlschrank ist nichts zu essen, aber Luft ist trotzdem darin.

Die Leere ist ein Raum, von dem man annimmt, in ihm sei nichts enthalten, doch tatsächlich sind immer mindestens ein paar Moleküle vorhanden. Alles klar? Wenn ihr sicher sein wollt, schaut in euren Kühlschrank. Sieht nach nichts aus … aber Vorsicht, leert ihn nicht ganz!

was habt ihr denn da angerichtet!?
Nichts ...

Was ist die häufigste Krankheit der Welt?

Im Jahr 2006 sind fast drei Millionen Menschen an Aids gestorben. Außerdem sind derzeit 39,5 Millionen Menschen mit dem Aidsvirus infiziert, haben sich also mit der Krankheit angesteckt. Bis jetzt hat man noch kein Mittel gefunden, um diese Krankheit zu besiegen.

Allerdings gibt es eine andere Krankheit, über die fast nie geredet wird, die aber noch weit mehr Schaden anrichtet: das Sumpffieber, auch Malaria genannt.

Da Malaria nur in warmen, feuchten Gebieten vorkommt, ist sie vor allem in Afrika, im nördlichen Südamerika und in Südostasien verbreitet. Sie wird vom Weibchen der sogenannten Anopheles, einer Stechmücke, übertragen.

Die Krankheit äußert sich vor allem durch sehr hohes Fieber, das bis auf 41 Grad Celsius ansteigen kann. Wenn die erkrankte Person nicht sofort von einem Arzt behandelt wird, kann sie sterben. Die Weltgesundheitsorganisation WHO hat bekannt gegeben, dass im Jahr 2004 402 Millionen Menschen an Malaria erkrankt sind. Jedes Jahr sterben daran zwischen einer und drei Millionen Menschen, davon 90 Prozent in Afrika.

Manche Menschen, die behandelt wurden, bekommen die Krankheit trotzdem ihr ganzes Leben lang nicht mehr los. Es gibt keine Impfung gegen Malaria, und die Behandlung ist sehr teuer Wenn doch nur die reichen Länder die armen Länder etwas mehr unterstützen würden …

Was heißt »am Ende sein«?

»Schluss jetzt! Ich bin völlig am Ende!« Am Ende wovon? Am Ende mit den Nerven! Es sind die Nerven eurer Eltern, die, wie man oft sagt, zum Zerreißen gespannt sind, wenn ihr einfach nicht gehorcht oder wenn ihr Dummheiten macht. Vielleicht werdet ihr dann bestraft.

Wenn ihr eure Eltern so sehr ärgert, wollt ihr vielleicht nur ausprobieren, wie weit ihr gehen könnt. Das heißt, ihr wollt wissen, wie lange man euer Verhalten duldet. Ihr testet eure Grenzen, weil ihr sie nicht kennt.

Eigentlich testet ihr nicht eure Grenzen, sondern die eurer Eltern. Und nicht nur die! Ihr testet auch die Grenzen, die euch von der Gesellschaft auferlegt sind. Ihr wollt wissen, wie ihr euch euren Mitmenschen gegenüber verhalten müsst, egal, welche Personen das im Einzelnen sein mögen.

Das Leben in einer Gesellschaft ist mit Gesetzen und Regeln verbunden, die festlegen, was erlaubt und was verboten ist. Manchmal ist das ganz einfach: Man darf nicht stehlen, man darf seinen Nachbarn nicht töten und so weiter. Manchmal ist es schwieriger: Wie sehr darf man andere Leute stören? Ab wann wird man uns dafür bestrafen?

Wenn ihr eure Eltern ans Ende ihrer Nerven treibt und dann dafür zurechtgewiesen werdet, lernt ihr dadurch, wie man sich verhalten muss, um in einer Gesellschaft friedlich zusammenzuleben.

Was bedeutet Rap?

Rap ist eine Abkürzung von *Rhythm And Poetry*, Rhythmus und Poesie. Rhythmus ist die zeitliche Gliederung von Musik, und Poesie heißt Dichtung. Rap ist ein Musikstil, der Ende der 1970er Jahre in New York entstanden ist. Am Anfang bekam man ihn nur auf der Straße und in Discos zu hören: Wenn ein Discjockey (oder DJ) eine Schallplatte wechseln musste, gab es jedes Mal eine kurze Pause, während der ein Rapper ein paar Verse zu einer Schlagzeugbegleitung sprach.

Nach und nach wurde der Rapper immer wichtiger. Der DJ fing an, gleichzeitig mehrere Rhythmen zu mischen, und die Texte des Rappers wurden immer länger und immer poetischer. Sie wurden zu Gedichten, die vom Alltag in den armen Stadtvierteln erzählten.

1979 nahm die New Yorker Musikgruppe Sugarhill Gang das Lied »Rapper's Delight« auf. Das war die erste Rap-Schallplatte. Allerdings war das Lied nicht ernst gemeint. Die Band wollte sich damit nur über die Straßen-Rapper lustig machen. Die erste echte Rap-Platte, die heute Kultstatus hat, war »The Message« von Grandmaster Flash and The Furious Five.

In diesem Lied – es ist von 1982 – spricht Grandmaster Flash über die schwierigen Lebensbedingungen in New York und vergleicht die Stadt mit einem furchteinflößenden Dschungel. Also, das ist Rap: ein Sprechgesang mit aufrüttelnden Worten, begleitet von rhythmischen Schlägen. Yo!

Was ist Treibsand?

Treibsand ist eine Mischung aus 40 Prozent Sand und 60 Prozent Wasser. Seine Beschaffenheit erinnert an Joghurt: Im Ruhezustand ist er fest, wenn man ihn mit einem Löffel umrührt, setzt sich das Milcheiweiß ab, und der Joghurt wird flüssig. Wenn ihr den Fuß in Treibsand setzt, geschieht das Gleiche. Ihr verdrängt die Sandkörner und tretet in Wasser.

Kann es passieren, dass ihr darin stecken bleibt? Leider, ja. Die Sandkörner sinken gleichzeitig mit euch ab, sie werden zusammengepresst und schließen so euren Fuß ein. Um ihn herauszuziehen, bräuchtet ihr so viel Kraft, wie nötig ist, um ein Auto hochzuheben!

Die einzige Möglichkeit, den Fuß wieder freizubekommen, besteht darin, ihn leicht zur Seite zu bewegen, damit etwas Wasser in das Sandbett fließt. Dann lösen sich die Körner erneut, und ihr könnt euch vorsichtig aus der Falle befreien.

Kann man in Treibsand ertrinken? Nein, aus zwei Gründen nicht. Erstens ist Treibsand nie besonders tief. Zweitens kann ein menschlicher Körper nicht ganz im Sand versinken, selbst wenn der Sand mehrere Meter dick wäre.

Könnte man in Joghurt ertrinken? Bewiesen ist es nicht, aber es kann ja nicht schaden, vorsichtshalber einen Schwimmring anzulegen, bevor ihr einen Joghurtbecher aufmacht …

Was ist ein Kugelschreiber?

Früher benötigte man zum Schreiben einen Federkiel und ein Tintenfass. Das war unbequem, und außerdem verursachte es Tintenflecken.

1938 fanden zwei ungarische Brüder namens László und Georg Biró eine andere Lösung. Als sie eine Kugel durch eine Wasserpfütze rollen sahen, bemerkten sie, dass die Kugel beim Weiterrollen eine Wasserspur hinterließ. So kamen sie auf die Idee, den Kugelschreiber zu erfinden.

1950 kaufte der Baron Bich ihr Patent und entwarf den Kugelschreiber BIC. Das bekannteste Modell heißt Cristal und wird weltweit verwendet. Es hat eine Hülse aus Plastik und gleicht einem Bleistift. Im Inneren ist es mit Tinte gefüllt, vorne endet es mit einer kleinen Metallkugel. Wenn die Kugel übers Papier rollt, gibt sie die Tinte ab, die sofort trocknet. Und wie kommt es, dass die Tinte nicht am anderen Ende des Hohlraums herausfließt?

Dafür gibt es zwei Gründe. Zum einen ist die Tinte dickflüssig. Zum anderen drückt die Luft, die durch ein sichtbares kleines Loch seitlich in den Kugelschreiber eindringt, mit ihrem ganzen Gewicht auf die Tinte. Dieser Luftdruck ist so stark, dass die Tinte in Richtung Kugel fließen muss.

Das alles erinnert einen leider sehr schnell an die Hausaufgaben, die noch nicht fertig sind. Da ist es schon lustiger, mit der leeren Kugelschreiberhülse kleine Papierkügelchen auf die Köpfe der Mitschüler zu schießen!

Was heißt Wittern?

»Los, such, Struppi!« Euer vierbeiniger Freund kann Gegenstände oder Personen anhand ihres Geruchs aufspüren. Man nennt das auch wittern.

In den Nasennebenhöhlen befinden sich die Riechzellen. Sie wandeln Gerüche in elektrische Signale um und schicken sie ans Gehirn. Nicht alle Hunde sind gleich gut im Wittern. Ein Pekinese hat 25 Millionen Riechzellen, eine Bulldogge 100 Millionen und ein Deutscher Schäferhund 220 Millionen. Der Mensch hat nur fünf Millionen Riechzellen und damit keine Chance, eine Tierfährte im Wald mithilfe seines Geruchssinns zu verfolgen.

Wenn ihr etwas esst und euch gleichzeitig die Nase zuhaltet, könnt ihr unmöglich sagen, um was für eine Speise es sich da handelt. Warum das so ist? Weil Nahrungsmittel im Mund vor allem Geruchsstoffe freisetzen, die von dort zu den Nasennebenhöhlen gelangen. Der Geschmackssinn ist also an den Geruchssinn gekoppelt.

Wenn man von einem Menschen sagt, dass er etwas wittert, dann ahnt er etwas, so wie ein Kriminalkommissar auf der Jagd nach einem Verbrecher manchmal ahnt, wer der Schuldige sein könnte.

Und doch gibt es bestimmte Menschen mit einem sehr gut entwickelten Geruchssinn. Dazu gehören zum Beispiel die Leute, die ein neues Parfüm erfinden. Sie sind in der Lage, mit ihrer Nase auf Anhieb zu erkennen, welche der 1500 möglichen Grundzutaten in einem Parfüm enthalten sind.

Was ist Rache?

Jemand hat euch in der Schule auf der Treppe geschubst oder hinter eurem Rücken schlecht über euch gesprochen, und ihr habt es erfahren. Ihr wollt euch unbedingt rächen und sagt zu euch: »Das gibt Prügel!« Doch wozu Gewalt?

Rache ist meistens keine gute Lösung. Wenn man seinen Rachegelüsten nachgibt, dann handelt man aus dem Bauch heraus, ohne an die Folgen zu denken. Man möchte dem anderen das antun, was man selbst erlitten hat, und so das Unrecht ausgleichen. Nur zu oft gerät man dadurch in einen Teufelskreis: Jeder will dem anderen immer wieder aufs Neue schaden, um ihm alles heimzuzahlen.

Ein Unrecht lässt sich aber nicht dadurch ausgleichen, dass man selbst wieder ein Unrecht tut. Das eine macht das andere niemals ungeschehen. Im Gegenteil, es wird immer schlimmer! Und zuletzt geht es uns überhaupt nicht besser.

Um solche Rachehandlungen zu vermeiden, wurden Gesetze erlassen. Ist jemand der Ansicht, ihm oder ihr sei Unrecht geschehen, kann er sich an die Polizei oder an ein Gericht wenden.

Der Mann, dem das Auto gestohlen wurde, wird zur Polizei gehen. Das Kind, das auf dem Schulhof verprügelt wurde, kann sich an seine Lehrerin wenden. Gerichte oder, wenn es um die Schule geht, Lehrer können die Schuldigen verurteilen und bestrafen. Wenn es einem übertrieben vorkommt, ein Gericht anzurufen oder sich an die Lehrer zu wenden, gibt es natürlich auch noch die Möglichkeit zu verzeihen …

Was ist Sumo?

Sie sind enorm dick und können bis zu 180 Kilo wiegen. Sie sind fast nackt und tragen einen Haarknoten. Sie haben einen watschelnden Gang, streuen Salz auf den Boden und stürzen sich wie zwei völlig verzweifelte Nashörner aufeinander. Die Rede ist von den *rikishi*, den Sumoringern.

Sumo ist ein Kampfsport, der in Japan seit dem 6. Jahrhundert ausgeübt wird. Die Spielregeln sind einfach: Zwei Kämpfer stehen sich am Rand eines Kreises mit 4,55 Meter Durchmesser gegenüber. Dann stürzen sie sich aufeinander und versuchen, den anderen aus dem Kreis herauszudrängen oder auf den Boden zu werfen. Wenn nur ein Finger den Boden berührt, hat man schon verloren.

Doch bevor der Kampf beginnt, vollziehen die Kämpfer ein ganz bestimmtes Ritual: Sie stampfen mit den Füßen auf, um böse Geister zu vertreiben, sie streuen Salz auf den Kreis, um ihn zu reinigen, und sie spülen ihren Mund mit Wasser.

Die *rikishi* werden sehr verehrt und haben ein fast so anstrengendes Leben wie Mönche. Aufstehen um fünf Uhr morgens – kein Frühstück – Training bis 11 Uhr vormittags – Mittagessen: ein Eintopf, der aus einer riesigen Menge Reis, sehr viel Huhn und sehr viel Gemüse besteht – Mittagsschlaf – Abendessen: das Gleiche wie mittags.

Sumoringer nehmen am Tag 10 000 Kalorien zu sich, das entspricht 35 Hamburgern! Aber ohne Ketchup.

Was ist gut, und was ist schlecht?

Wenn ihr eurer Großmutter beim Sonntagsbesuch Blumen mitbringt, ist das gut. Doch es gibt noch eine andere Art des Guten, nämlich das allgemein Gute, das wir alle, die in einer Gemeinschaft leben, schützen müssen. So sind etwa Gesetze gemacht, damit es allen gut geht, also für das Gemeinwohl. Da hat man im Grunde keine Wahl.

Daneben gibt es das Gute, das man freiwillig tut. Wenn ihr zum Beispiel einfach so, obwohl ihr euch mit Freunden treffen wolltet, bei eurer kranken Oma vorbeischaut, dann tut ihr etwas Gutes, ohne dass das jemand von euch verlangt hätte.

Diesen beiden Arten, gut zu sein, steht das Schlechte gegenüber. Wenn ihr eine Brausetablette gegen Kopfschmerzen ins Goldfischglas werft, so ist das mehr als dumm. Es schadet dem Fisch, und wenn ihr ehrlich seid, wisst ihr das auch ganz genau!

Was schlecht ist, kann man leicht sagen, denn alle Völker haben mehr oder weniger die gleichen Verbote: Man darf nicht töten, nicht stehlen, nicht lügen und so weiter. Nur manchmal wird es kompliziert. Ein bösartiger Herrscher wird getötet, damit ein Krieg verhindert wird. Jemand stiehlt Lebensmittel, um einem Verhungernden zu helfen. Wenn jemand etwas Schlechtes tut, weil das, wie man so schön sagt, das kleinere Übel ist, kann das Schlechte nützlich sein, denn es hilft, etwas Schlimmeres zu verhindern.

Wenn ihr nun eurer Oma euren Goldfisch und eine Packung Kopfschmerztabletten schenkt, ist das dann gut oder schlecht?

Was ist ein Meisterwerk?

Klar, die *Mona Lisa* und *Vincents Schlafzimmer in Arles*, das sind Meisterwerke! Vincent van Gogh steht heute, über hundert Jahre nach seinem Tod, an vierter Stelle der teuersten Maler. Seine Gemälde sind weltweit als Meisterwerke anerkannt. Doch am Ende des 19. Jahrhunderts machten sich alle Leute über seine Bilder lustig: Van Gogh verkaufte während seines Lebens nur ein einziges Werk.

Also: Wer hat jetzt recht? Van Goghs Zeitgenossen, die sein Schlafzimmer hässlich und schief gemalt fanden, oder wir, die dieses Bild heute für genial halten? Und warum bezeichnet man die *Mona Lisa* als Meisterwerk? Die Antwort ist in den beiden Bildern selbst zu finden.

Die *Mona Lisa* von Leonardo da Vinci ist ein Meisterwerk, weil sie mit einer ganz neuen Technik gemalt wurde. So sehen die Umrisse des Gesichts der dargestellten Frau leicht verschwommen aus. Außerdem lassen sich aus der *Mona Lisa* die verschiedensten Geschichten herauslesen.

Vincents Schlafzimmer in Arles von Vincent van Gogh ist ein Meisterwerk, weil van Gogh der Erste war, der Räume absichtlich schief malte. Manche Menschen sehen das nur als Zeichen dafür, dass der Maler krank war, doch anderen gefallen die fröhlichen Farben, weil sie Hoffnung ausdrücken.

Ein Meisterwerk ist also ein einzigartiges Kunstwerk, dem es gelingt, die Fantasie vieler Menschen anzuregen. Und es ist ein Werk, das die Zeit überdauert: Die *Mona Lisa* wurde vor 500 Jahren gemalt und ist heute weltberühmt.

Was geschieht bei der Alzheimer-Krankheit?

Wenn ein alter Mensch im Laufe eines Tages vergisst, was er am Morgen gemacht hat, wenn er plötzlich nicht mehr weiß, wie man die Waschmaschine anstellt, oder wenn er seine eigenen Kinder und Enkel nicht mehr erkennt, hat er vielleicht die Alzheimerkrankheit.

Das ist eine furchtbare Krankheit, die die Gehirnzellen des Menschen zerstört. Sie ist erst wenig erforscht, und zurzeit gibt es noch keine wirksame Behandlung.

Die Krankheit beginnt damit, dass die betroffene Person sehr vergesslich wird. Mit der Zeit verschlimmert sich das immer mehr, bis der Kranke nicht mehr ohne fremde Hilfe leben kann.

Er findet sich nicht mehr in Zeit und Raum zurecht. Was für ein Tag ist heute, welches Jahr haben wir? Die kranke Person weiß es nicht mehr. Oft passiert es auch, dass sich die an Alzheimer Erkrankten schon auf dem Weg zum Bäcker verlaufen. Nach und nach kann so ein Mensch dann nicht mehr alleine leben und nichts mehr selbstständig tun.

Forscher suchen nach einem Impfstoff gegen die Alzheimerkrankheit. Bis dieser gefunden ist, sollten ältere Menschen ihr Gehirn trainieren, indem sie lesen, nachdenken und möglichst vielen geistigen Tätigkeiten nachgehen. Denn ihr Gehirn und insbesondere ihr Gedächtnis anzustrengen ist zurzeit eine der wenigen Möglichkeiten, gegen die Krankheit zu kämpfen.

Was bedeutet das Sprichwort »In der Not frisst der Teufel Fliegen«?

Nein, nein, wer dieses Sprichwort verwendet, hat kein kleines Teufelchen zu Hause sitzen, für das er fleißig Stubenfliegen fängt! Tatsächlich geht dieser Ausdruck auf die Bibel zurück, wo der Teufel auch als Beelzebub – das heißt »Herr der Fliegen« – bezeichnet wird. Das Sprichwort meint also, dass der Teufel in der Not auch die eigenen Untertanen verspeist.

Eine ähnliche Bedeutung haben die Sprichwörter »In der Not frisst der Teufel die Wurst auch ohne Brot« oder »Hunger ist der beste Koch«. Damit will man sagen, dass jemand, der wenig zu essen hat, nicht so wählerisch ist.

Es gibt auch folgende Erklärung: In einer Notsituation tut man Dinge, die man sonst nie tun würde. Wenn man gar kein Geld hat, würde man sogar »seine Seele dem Teufel verkaufen«. Das heißt, man verspricht dem Teufel die Seele und erhält dafür Reichtum und Macht.

Kennt ihr auch den Ausdruck »über die Runden kommen«? Man verwendet ihn, um zu sagen, dass jemand gerade eben so mit seinem Geld auskommt. Stellt euch einen Sportplatz vor, auf dem man einen Wettlauf macht und mit letzter Kraft noch ins Ziel läuft, bevor einem die Puste ausgeht. In unserem Beispiel ist die Runde der Monat: Am Monatsende wird das Geld knapp.

Genau dasselbe bedeutet das französische Sprichwort *tirer le diable par la queue*, auf Deutsch: den Teufel am Schwanz ziehen.

Was ist Klebstoff?

Schon in der Steinzeit verwendeten die Menschen das Harz der Bäume, um Metallspitzen an ihren Speeren zu befestigen. Im alten Ägypten stellten die Tischler Klebstoff her, indem sie Knochen und Tierhäute auskochten. Nach einer bestimmten Kochzeit erhielten sie eine zähflüssige Substanz: Klebstoff.

Sehr lange Zeit wurde Klebstoff aus pflanzlichen oder tierischen Stoffen hergestellt. Diesen natürlichen Leim gibt es auch heute noch, aber seit 1850 wird Klebstoff auch auf rein chemischer Grundlage produziert.

Welche Art von Klebstoff man auch verwendet, das Prinzip ist immer gleich. Wenn man zwei Gegenstände zusammenkleben möchte und man deren Oberfläche aufmerksam betrachtet, stellt man immer fest, dass diese Oberfläche nicht ganz glatt ist. Es gibt kleine Hohlräume. Der weiche Klebstoff verteilt sich auf der Oberfläche und füllt diese Hohlräume aus.

Und dann, ganz langsam, verdunstet das Wasser (in pflanzlichen oder tierischen Klebstoffen) oder der Alkohol (in chemischen Klebstoffen). Es entsteht eine Art von Verbindung zwischen den Molekülen des Klebstoffs und den Molekülen der Gegenstände, die zusammengeklebt werden sollen.

Wenn der Klebstoff erst einmal getrocknet ist, kann es schwierig, ja sogar unmöglich werden, die beiden Gegenstände wieder voneinander zu lösen. Aber keine Angst: Bei einer Person, die wie eine Klette an einem klebt, findet man mit etwas Fantasie immer einen Weg, sie wieder loszuwerden ...

Was ist Rülpsen? Was ist Pupsen?

RÜLPS! PUUUPS! »Bah, wie unhöflich! Beherrscht eure Eingeweide bitte etwas besser!«

Leichter gesagt als getan ... Pupsen und Rülpsen sind Blähungen, in anderen Worten: Ausscheidungen giftiger Gase. Rülpsen muss man im Allgemeinen dann, wenn sehr viel Luft in den Magen gelangt ist. Das passiert zum Beispiel, wenn man zu schnell isst. Dann mischt sich die Luft mit Gasen, die bei der Verdauung entstehen, und steigt durch die Speiseröhre nach oben in den Mund. Auch Sprudelgetränke führen zum Rülpsen.

Im Durchschnitt rülpst ein Mensch 15-mal täglich. Leute, die schnell sprechen oder die während des Essens sprechen, ebenso wie Leute, die rauchen, müssen öfter rülpsen, weil sie größere Mengen Luft in den Magen aufnehmen als andere.

Der Pups hingegen hat mit unserer Verdauung zu tun. Bestimmte Nahrungsmittel bilden mehr Gase als andere: zum Beispiel weiße Bohnen, Kohl oder Milch. Das liegt daran, dass sie eine chemische Zusammensetzung haben, die unser Körper nur schwer abbauen kann. Deshalb formt er sie zu Gasen um, die sich im Darm aufblähen. Und die müssen notgedrungen nach einer gewissen Zeit wieder raus!

Je nachdem, was er isst, stößt ein Mensch täglich zwischen einem Viertel und zwei Litern Gas aus. Das bedeutet zwischen zehn und 30 Pupsen. Das ist aber gar nichts, verglichen mit den ungefähr 6000 Litern Gas, die eine Kuh innerhalb von 24 Stunden ausscheidet. Ein von Menschen bisher nie erreichter Rekord! Hier unser Tipp des Tages: Ladet niemals eine Kuh zum Essen ein ...

Was ist Beamen?

Ihr seid weit weg von zu Hause und müde. Wie gern würdet ihr euch jetzt mit einem Fingerschnippen ins warme und gemütliche Bett beamen. Dann bräuchtet ihr keine Zeit für den Heimweg, ganz einfach, weil es keinen Weg mehr zurückzulegen gäbe.

Das Beamen wird auch Teleportation genannt. Dieses zukunftsweisende Verfahren wird oft in Science-Fiction-Filmen angewandt. In *Raumschiff Enterprise* tastet der Beamer Menschen oder Raumschiffe ab, zerlegt sie in Einzelteile, schickt sie an einen entfernten Ort und setzt sie dort wieder zusammen.

In *Stargate* kann man sich über Sternentore und Ringtransporter von einem zum anderen Planeten bewegen. Dabei wird die Zeit zwischen zwei Punkten im Raum unterdrückt. Im Jahr 2001 gab die amerikanische Luftwaffe eine Untersuchung in Auftrag, um zu erforschen, ob das Beamen eines Tages möglich sein wird. Leider kam man zu einem negativen Ergebnis: Es ist eher unwahrscheinlich, dass eines Tages Maschinen wie in *Stargate* erfunden werden.

Trotzdem hat eine Forschergruppe 2004 etwas Ähnliches wie Beamen mit zwei Atomen versucht. Allerdings haben sich die Atome selbst nicht bewegt: Es wurden nur die in Atom Nr. 1 enthaltenen Informationen auf Atom Nr. 2 übertragen.

Aufgrund dieses Erfolgs hofft man nun, eines Tages auch Materie zu übertragen. Und dann können wir uns vielleicht wirklich mit einem einfachen Fingerschnippen an einen anderen Ort beamen!

Was macht ein Agent?

Ihr seid gute Beobachter: Wenn euer Lehrer eine rote und eine gelbe Socke trägt, dann ist das für euch ein geheimes Zeichen. Und eure Banknachbarin, die in ein Mikrofon spricht, das in einem Bund Lauch versteckt ist, ist eine internationale Spionin. Gerade die können schrecklich gefährlich werden.

Also, abgemacht, wenn ihr groß seid, werdet ihr Geheimagenten. Kann man das studieren? Leider nein. Es gibt keine Hochschule für Spione und auch kein Diplom mit der Nummer 007. Agenten müssen Kenntnisse haben, die mit den verschiedensten Berufsfeldern zu tun haben: Informatik, Mathematik, Elektronik, Seefahrt, Polizei, Militär, Fotografie und so weiter.

Sie kundschaften Personen aus, die die Sicherheit ihres Landes gefährden könnten, und meistens findet ihre Arbeit in einem Büro statt. Von 9 bis 17 Uhr und von Montag bis Freitag. Sie haben also eine normale Arbeit wie die meisten anderen Leute auch. Agenten laufen weder mit einer schallgedämpften Pistole durch die Gegend noch mit einer Uhr, von der aus man Nachrichten an ein U-Boot senden kann. Was für eine Enttäuschung!

Vielleicht ist eure Nachbarin eine Geheimagentin, und ihr wisst gar nichts davon. Sie bringt jeden Morgen ihre Kinder zur Schule und notiert in einem kleinen Heft, ob der Lehrer an einem Fuß eine rote und am anderen Fuß eine gelbe Socke trägt. Werft mal einen Blick in ihre Handtasche, vielleicht hat sie da ja in einem Bund Lauch ein Mikrofon versteckt!

Was sind Höflichkeit und Respekt?

»Sei bitte höflich! Putz dir die Nase, und gib der Dame die Hand!« Das Wort höflich kommt aus dem Mittelhochdeutschen und bedeutet, dass man sich »der Sitte des (fürstlichen) Hofes gemäß« verhielt. Wenn man heute eine Person als höflich bezeichnet, dann heißt das, dass sie ein angenehmes Auftreten hat und rücksichtsvoll mit ihren Mitmenschen umgeht.

Was als höflich gilt, wird durch viele Regeln bestimmt, die sich in zwei Gruppen einteilen lassen:

- Sprachregeln: Guten Tag und Auf Wiedersehen sagen, Bitte und Danke sagen, keine Schimpfwörter und Kraftausdrücke verwenden.
- Verhaltensregeln: sich ordentlich kleiden, im Bus aufstehen, wenn ein alter oder behinderter Mensch hereinkommt, und diesem den Platz anbieten.

All diese Regeln wurden keineswegs erfunden, um uns zu ärgern. Im Gegenteil! Wenn jeder sie befolgen würde, müsste sich niemand mehr ärgern oder durch andere gestört fühlen. Schließlich sind wir höflich dem anderen gegenüber, weil wir möchten, dass der andere auch höflich zu uns ist.

Noch vornehmer als die Höflichkeit ist der Respekt. Wenn man vor jemandem Respekt empfindet, behandelt man ihn mit besonderer Achtung, man ist besonders aufmerksam ihm gegenüber. Der Respekt ist eine ehrliche Empfindung, und man erwartet nichts dafür zurück. Eigentlich sollte man jedem Menschen respektvoll begegnen, schon allein weil er ein Mensch ist.

Was ist ein Talisman?

Ein Talisman kann zum Beispiel ein kleiner Beutel sein, den man um den Hals trägt und der einen vor Unglück beschützen soll. Dürfen wir mal hineinsehen? Auf keinen Fall! Einen solchen Talisman darf man niemals öffnen, denn dann verliert er seine Zauberkraft. Es könnte sogar eine echte Katastrophe passieren …

Das Wort Talisman kommt aus dem Arabischen und bedeutet Zauberbild. Man versteht darunter einen persönlichen Glücksbringer. Talismane gibt es seit Urzeiten in allen Ländern dieser Erde. Sie können die verschiedensten Formen haben.

So stellt man zum Beispiel in China kleine Statuen auf, um die Ernte vor Unwetter zu bewahren. Und die Araber in Nordafrika tragen oft einen Anhänger in Form einer Hand: Er steht für die Hand von Fatima, der Tochter Mohammeds, deren Schutz die Gläubigen erbitten.

Es gibt viele solcher Beispiele, und jede Gesellschaft hat ihre eigenen Gegenstände, die vor Unglück schützen sollen. Afrikanische Grigris, Fetische, Talismane, Amulette, also Glücksbringer, stehen immer für ein Element der Natur (Holz, Feuer, Erde, Wasser, Tiere) oder für eine übernatürliche Persönlichkeit. Man schreibt ihnen eine göttliche Kraft zu, die vor Unglück bewahren und Glück bringen soll.

So einen Glücksbringer könnt ihr auch selbst basteln! Hängt einfach etwas, was euch gefällt, um euren Hals, und schon habt ihr euren ganz persönlichen Talisman, der euch Glück bringt. Wichtig ist nur, daran zu glauben!

Was ist die Schallmauer?

»PÄNG!«, macht ein Jagdflugzeug, wenn es die Schallmauer durchstößt. Woher kommt dieser Krach? Erklären lässt er sich mit der Schallgeschwindigkeit. Die Schallwellen breiten sich in der Luft mit einer Geschwindigkeit von 340 Metern in der Sekunde aus. In der Stunde macht das 1224 Kilometer.

Wenn ein Flugzeug durch die Luft fliegt, verändert sich der Luftdruck um das Flugzug herum und bildet kleine Druckwellen. Bewegt sich das Flugzeug langsamer als der Schall, verebben die Druckwellen gleich wieder.

Bewegt sich das Flugzeug dagegen genauso schnell oder noch schneller als der Schall, also mit mindestens 1224 Stundenkilometern, haben die kleinen Druckwellen keine Zeit mehr zum Verschwinden. Sie legen sich wie ein Kopfkissen rund um das Fluggerät, wodurch der Luftwiderstand sich vergrößert. Die Explosion, die wir dann hören, wird durch den Zusammenprall des Flugzeugs mit den Druckwellen hervorgerufen.

PÄNG! Das Kopfkissen explodiert, zieht sich aber gleich wieder zusammen. Die Explosion dauert an, solange das Flugzeug mit Überschallgeschwindigkeit fliegt. Der Pilot hört das allerdings nicht, denn er fliegt schließlich schneller als der Schall!

Und wir auf der Erde hören den Knall nur in dem Moment, in dem das Flugzeug über unseren Kopf hinwegfliegt. Träumt ihr davon, später Jagdflieger zu werden? Erste Übung: Vergrabt euren Kopf fest in einem Kopfkissen!

Was passiert im Karneval?

Da wird gesungen, getanzt, getrunken, und es werden Krapfen gegessen: Es ist Karneval! Diese närrische Zeit, die auch Fasching oder Fastnacht heißt, geht in unserem christlichen Kalender vom Dreikönigstag am 6. Januar bis zum Fastnachtsdienstag. Am darauffolgenden Tag, dem Aschermittwoch, beginnt dann die 40-tägige Fastenzeit, die bis Ostern dauert.

Während der Fastenzeit isst man kein Fleisch und keine Milchprodukte. Deshalb feiert man vorher noch einmal ordentlich. Das Wort Karneval kommt vom lateinischen *carne levare*, was »Fleisch wegnehmen« bedeutet. Nach dem Karneval lässt man das Fleisch bei den Mahlzeiten weg.

Während der Karnevalsfeiern, die meistens etwa drei Tage dauern, ist fast alles erlaubt. Männer verkleiden sich als Frauen und Frauen als Männer, Kinder werden zu Königen oder Polizisten. In großen Umzügen ziehen die Maskierten durch die Stadt, schmeißen mit Konfetti und Bonbons um sich und machen sich über Politiker oder den Papst lustig. Deshalb wird der Karneval auch Narrenzeit genannt.

Die berühmtesten Karnevalsumzüge finden in Venedig (Italien), in Rio de Janeiro (Brasilien) und natürlich in Deutschland und in der Schweiz statt: im Rheinland in Mainz, Köln, Düsseldorf und in Basel.

Um das Ende der Ausgelassenheit anzuzeigen, verbrennt man in manchen Gegenden eine große Strohpuppe, die im Rheinland Nubbel genannt wird. Wenn die Glut des Feuers ausgeht, beginnt die Fastenzeit. Und dann ist Schluss mit lustig …

Was ist Liebe?

Das ist die schwierigste Frage der Welt! Seit es uns Menschen gibt, denken wir darüber nach, was Liebe ist. Am besten kann man Liebe erklären, indem man sagt, was sie nicht ist.

Liebe ist das Gegenteil von Hass und Gleichgültigkeit, und Liebe ist keine Angst. Hass bedeutet, dass man jemanden verabscheut und ihm sogar Schaden zufügen möchte. Angst hat man, wenn man sich vor jemandem fürchtet. Und gleichgültig ist, wer andere wie Luft behandelt.

Demnach heißt Liebe, dass man einen anderen hoch schätzt, dass man Lust hat, ihm Gutes zu tun, und ihn nicht als Bedrohung empfindet. Menschen, die wir lieben, sind wichtig für uns. Sie gefallen uns, und wir mögen sie sehr.

Reicht diese Erklärung aus? Bestimmt nicht. Denn sie beschreibt noch nicht das unermessliche Glücksgefühl, das wir empfinden, wenn wir verliebt sind. Dann strahlen unsere Augen, unser Herz klopft vor Freude, wir fühlen uns, als ob wir auf Wolken schweben, und die ganze Welt erscheint uns wunderschön. Kein anderes Gefühl fühlt sich so gut an wie das Verliebtsein.

Eigentlich ist es ganz und gar unmöglich, in einigen Zeilen zu erklären, was Liebe ist. Deshalb werden auch immer wieder neue Romane geschrieben und neue Filme gedreht, die von der Liebe handeln und die dieses Gefühl darstellen wollen. Ach, die Liebe!

Was fällt dir ein, um diese Uhrzeit nach Hause zu Kommen!

Was ist ein Koma?

Wenn jemand ins Koma fällt, verliert er das Bewusstsein und befindet sich in einer Art dauerhaftem Schlaf. Allerdings wacht er nicht einfach nach ein paar Stunden wieder auf. Ein Arzt muss seinen Puls, seinen Blutdruck, seine Körpertemperatur und seine Atmung überwachen. Außerdem muss er künstlich ernährt werden.

Wenn das Koma nur leicht ist, kann die Person auf Fragen mit einem leisen Grunzen antworten. Wenn man sie in den Arm kneift, reagiert sie. Nach einer Zeit von zwei bis fünf Wochen wacht sie meistens wieder auf und erinnert sich manchmal sogar an das, was man zu ihr gesagt hat, als sie »eingeschlafen« war.

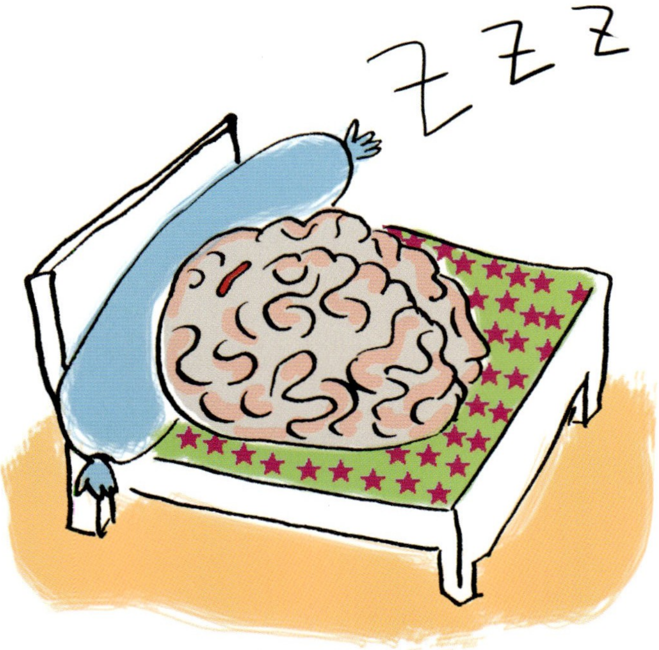

Wenn das Koma tief ist, reagiert die Person nicht auf Schmerz. Ihr Körper wehrt sich nicht gegen Reize von außen, und ihr Gesundheitszustand verschlechtert sich immer mehr.

Ist der Komapatient bereits hirntot, heißt das, dass sein Gehirn kaum noch oder gar nicht mehr funktioniert. Er wird nur noch künstlich am Leben erhalten. Wenn man die Apparate abschaltet, stirbt er sofort.

Es kommt zwar selten vor, dass jemand aus einem tiefen Koma wieder aufwacht, aber unmöglich ist es nicht. Manche Menschen sind völlig unerwartet nach 15 Jahren Bewusstlosigkeit wieder aufgewacht!

Was ist Lügen?

Oje, oje!
Lügen ist wirklich scheußlich!
Lügen bedeutet, etwas zu behaupten, obwohl man weiß, dass es nicht stimmt. Jeder Mensch lügt hin und wieder. Wer sagt: »Ich lüge nie!«, ist auf jeden Fall ein Lügner!

Menschen lügen aus den verschiedensten Gründen: zum Beispiel, weil sie befürchten, ausgeschimpft zu werden, um einen Fehler nicht zugeben zu müssen oder weil sie etwas ganz für sich allein haben und nicht teilen wollen.

Es ist böse zu lügen. Aber auch hier gibt es Ausnahmen: Manchmal behalten wir die Wahrheit für uns, um jemanden nicht zu verärgern oder um Streitereien zu vermeiden. In solchen Fällen kann eine Notlüge angebracht sein. Sie dient dazu, Schlimmeres zu verhindern, und schadet niemandem.

Wenn man seiner Freundin antwortet: »Ja, dein neuer Haarschnitt gefällt mir gut«, dann ist das vielleicht nicht ehrlich, aber auf alle Fälle ist es viel netter, als sie schnippisch zu fragen: »Hast du aus Versehen in die Steckdose gefasst?«

Wenn jeder Mensch immer ehrlich alles sagen würde, was er denkt, wäre das Leben nicht angenehmer. Manchmal ist eine kleine Lüge aus Nettigkeit erlaubt … auf jeden Fall ist sie besser als eine hässliche Wahrheit, die den anderen unnötig verletzt!

Was ist ein Blog?

Das Wort Blog ist die Abkürzung für englisch *web log*. Ein *log* ist ein Logbuch oder Bordbuch, eine Art Tagebuch, das die Seeleute führen. Und *web* nennt man ein Netz, zum Beispiel ein Spinnennetz, aber auch das Internet. Ein Blog ist also ein Tagebuch, das im Internet geführt wird.

In einem Blog kann jeder Texte veröffentlichen, die dann mit dem Datum des jeweiligen Tages versehen werden. Die Leser können darauf reagieren, indem sie ihrerseits Kommentare hinzufügen. Dabei wird immer die zuletzt geschriebene Nachricht an oberster Stelle gezeigt.

Es gibt mehrere Arten von Blogs. Man kann von sich oder von seiner Katze berichten: Das sind persönliche Blogs. Man kann Geschichten erfinden, Fotos oder Zeichnungen veröffentlichen: Das sind künstlerische Blogs.

Man kann aber auch über ein ganz bestimmtes Thema schreiben. So gibt es zum Beispiel Blogs zur Malerei, zum Fliegen, zu einer bestimmten Musikgruppe oder zur Gartenkunst. Alles ist möglich, der Fantasie sind hier keine Grenzen gesetzt.

Welches Blog man auch liest, man wird darin immer Verbindungen zu anderen Blogs oder anderen Internetseiten finden, sogenannte Links. Oft gibt es auch die Möglichkeit für den Leser, ein Blog zu abonnieren. Dann wird er automatisch benachrichtigt, wenn in dem Blog, das er gerne liest, eine neue Nachricht veröffentlicht wird. Und ihr, habt ihr auch ein eigenes Blog?

Was ist der Feminismus?

»Was gibt's heute Abend zu essen? Reich mir das Salz rüber! Kümmer dich um die Kinder!« Jahrhundertelang mussten sich Frauen solche Sätze aus dem Mund ihrer Ehemänner anhören. Sie wurden wie Dienstboten behandelt. Doch in der Französischen Revolution im Jahr 1789 begannen die Frauen, sich zu wehren. Sie wollten endlich dieselben Rechte haben wie die Männer, vor allem aber das Wahlrecht und das Recht, einen Beruf zu ergreifen.

Doch war es schwierig, diese Neuerungen innerhalb der Gesellschaft umzusetzen. 1865 gingen die Engländerinnen auf die Straße, um für das Frauenwahlrecht zu demonstrieren, das in England und Deutschland 1918 eingeführt wurde.

Später wurde den Frauen das Recht auf gleiche Löhne zugesprochen. Das heißt, sie sollten für die gleiche Arbeit nicht schlechter als Männer bezahlt werden. Auch durften sie nun selbst entscheiden, ob und wann sie ein Kind bekommen wollten.

Der Kampf der Frauen für ihre Rechte wird Feminismus genannt, abgeleitet vom lateinischen Wort *femina*, was Frau bedeutet. Die feministische Bewegung, auch Frauenbewegung genannt, gewann in den westlichen Ländern in den Jahren zwischen 1960 und 1970 noch einmal an Bedeutung.

Heute sieht es so aus, als hätten die Frauen ihren Kampf gewonnen. Doch in Wirklichkeit sind die Löhne von Frauen auch in Europa oft noch weit geringer als die von Männern. In manchen Ländern wie Indien werden Mädchen immer noch gegen ihren Willen verheiratet. Und in Saudi-Arabien dürfen Frauen nicht einmal Auto fahren.

Was macht ein Hypnotiseur?

Da steht er in seinem schwarzen Umhang. Er holt einen Zuschauer zu sich auf die Bühne und bittet ihn, die Augen zu schließen und sich zu entspannen. Nach einem Augenblick befindet sich das menschliche Versuchskaninchen in einem »veränderten Bewusstseinszustand«: nicht mehr wach, aber auch nicht ganz eingeschlafen. Jetzt kann der Hypnotiseur ihm befehlen, einen Arm zu heben, seinen Pullover auszuziehen oder sich am Kinn zu kratzen.

Es gibt diese Technik schon sehr lange. Man hat Aufzeichnungen aus der Zeit um 4000 v. Chr. gefunden, in denen bereits Hypnoseverfahren beschrieben werden.

Heutzutage dient Hypnose aber nicht nur dazu, das Publikum zu unterhalten, sondern wird auch von Ärzten eingesetzt. Man kann damit bei manchen Kranken die Schmerzen lindern oder Patienten vor einer kleineren Operation betäuben. In diesem Fall erhält der Patient nur eine ganz leichte Narkose, die bewirkt, dass er einschläft. Danach wird er hypnotisiert. Das Gehirn einer hypnotisierten Person produziert Stoffe, die gegen Schmerzen wirken. So benötigt man viel weniger Medikamente.

Übrigens könntet ihr euch auch selbst hypnotisieren, um in der Schule bessere Noten zu bekommen. Lernt doch abends, vor dem Einschlafen, noch ein letztes Mal eure Vokabeln oder eure Formeln, entspannt euch und denkt gleichzeitig: »Morgen werde ich mich an all das erinnern, morgen werde ich mich an all das erinnern …« Wenn ihr nur gut genug gelernt habt, funktioniert das ganz bestimmt!

Was ist Zeichnen?

Zeichnen heißt, dass man Gegenstände, die eigentlich drei Dimensionen haben (Höhe, Breite und Tiefe), in zwei Dimensionen (Höhe und Breite) abbildet. Der Künstler muss also eine List anwenden, damit der Betrachter meint, dass die Tiefe in seiner Zeichnung wirklich existiert. Um das zu erreichen, wendet er zwei Kniffe an: Er arbeitet mit der Perspektive und mit Schatten.

Wenn man eine schnurgerade Straße betrachtet, hat man den Eindruck, dass sie umso dünner wird, je weiter sie sich entfernt. Das ist eine optische Täuschung, denn in Wirklichkeit ist die Straße dort hinten genauso breit wie hier vorne bei uns.

Um eine Landschaft zu zeichnen, macht sich der Künstler diese Täuschung zunutze. Er zeichnet zuerst die Linie des Horizonts, dann die Straße und die Bäume, die er immer kleiner zeichnet, je weiter sie vom Betrachter entfernt sind. Damit entsteht der Eindruck von Tiefe.

Um diese Illusion, so nennt man die optische Täuschung, noch zu verstärken, zeichnet der Künstler Schatten. Dafür lässt er eine Seite der Bäume wie von der Sonne angestrahlt erscheinen, während die andere Seite im Dunklen liegt. Auch wird er den Schatten der Bäume auf dem Boden abbilden. So sieht die Zeichnung der Wirklichkeit sehr ähnlich, und man hat beim Betrachten das Gefühl, die schöne Pappelallee sei echt: Sie tritt gewissermaßen aus dem Bild heraus.

Trotzdem solltet ihr nicht versuchen, in das Bild hineinzusteigen und die Kuh auf der Wiese rechts zu streicheln, das kann nämlich nicht gelingen!

Was ist ein UFO?

»Maaama! Da ist gerade eine fliegende Untertasse durch die Küche geflogen!« – »Was? Ein UFO? Greifen jetzt die Marsmenschen an?«

Ein UFO, was für ein seltsamer Name! Das ist eine Abkürzung und bedeutet »unbekanntes Flugobjekt«. Gemeint ist eine fliegende Untertasse oder ein anderes Objekt, das man am Himme oder auf einem Radarbildschirm entdeckt und dessen Herkunft man nicht einwandfrei bestimmen kann.

Sehr viele Menschen behaupten, dass sie UFOs gesehen haben. Doch das angebliche UFO erwies sich bei genauerer Überprüfung jedes Mal als optische Täuschung oder als eine astronomische, also die Sterne betreffende, oder eine durch das Wetter bedingte Erscheinung. Manchmal handelte es sich um ein Flugzeug, das dem Radar entwischt war, manchmal um einen Wetterballon. Oft hatte sich aber auch nur jemand einen Scherz erlaubt!

Der Glaube an UFOs ist weit verbreitet, und es gibt sogar Leute, die behaupten, dass sie bereits einmal von Außerirdischen entführt wurden. Nehmen wir einmal an, das wäre wirklich wahr. Dann müsste es doch mindestens einige Beweise dafür geben! Doch es hat noch ni jemand ein Stück Haut von einem Marsmenschen zur wissenschaftlichen Untersuchung mitgebracht.

Ganz ehrlich, die kleinen grünen Männchen gibt es nicht. »Wie sieht sie denn aus, deine fliegende Untertasse?« – »Na ja … Sie ist weiß mit einem blauen Rand, sie hat ungefähr acht Zentimeter Durchmesser, und irgendwie glaube ich, dass sie zu dem Teeservice gehört, das uns Omi geschenkt hat …«

Was ist das meistgespielte Lied der Welt?

Da gibt es keinen Zweifel: Es ist »Yesterday« von den Beatles. Dieses Lied erschien am 6. August 1965 auf dem Album *Help!*. Paul McCartney schrieb den Text und komponierte die Musik dazu. Angeblich hatte er die Melodie zuvor in einem Traum gehört.

»Yesterday« wurde in fast allen Ländern der Welt neu bearbeitet. Es gibt davon schätzungsweise 3000 verschiedene Fassungen, und im 20. Jahrhundert wurde es über sieben Millionen Mal im Radio gespielt. Was meint ihr: Wie viele Leute haben wohl schon »Yesterday« unter der Dusche gesungen? Und wie viele falsche Töne waren dabei? Dazu liegen uns leider keine genauen Zahlen vor…

Ein anderer Erfolgshit ist »My Way« von Frank Sinatra aus dem Jahr 1969. Eigentlich handelt es sich dabei um die amerikanische Fassung eines französischen Lieds aus dem Jahr 1967. Doch erst mit Frank Sinatra wurde »My Way« weltberühmt. Frank Sinatra war ein Sohn italienischer Einwanderer und wurde zu einem der beliebtesten amerikanischen Sänger und Schauspieler. Nach ihm haben über hundert andere Musiker und Musikerinnen ihre eigene Version dieses Lieds komponiert.

Im 21. Jahrhundert hat es noch kein Lied geschafft, diesen beiden ihren Platz streitig zu machen. Also nehmt eure Gitarre oder setzt euch ans Klavier: Vielleicht erfindet ja ihr den nächsten großen Hit!

Was ist Schmollen?

Ihr habt euch in euer Zimmer eingeschlossen, und da sitzt ihr nun mit gerunzelter Stirn, zusammengepressten Lippen und fest vor der Brust verschränkten Armen: Ihr schmollt.

Ihr hüllt euch in düsteres Schweigen, damit die anderen auch merken, dass ihr unzufrieden seid. Alle Kinder schmollen, das ist ganz normal. Wenn man in einem Streit nicht mehr weiß, was man noch sagen soll, ist das manchmal sogar die einzige Lösung.

Allerdings sollte man es mit dem Schmollen auch nicht übertreiben, denn es ist ungerecht, andere zu erpressen. Wenn man schmollt, gibt man dem anderen nämlich auch zu verstehen: »Du bist an allem schuld, ich spreche so lange nicht mehr mit dir, bis du einsiehst, dass ich recht habe.«

Wer schmollt, sagt zu sich selbst: »Da der andere mich mag, wird er schon nachgeben.« Doch wenn er das immer wieder tut, hat der andere irgendwann genug davon. Dann wird er sich von dem Schmollenden entfernen und will vielleicht gar nichts mehr mit ihm zu tun haben.

Es handelt sich also um ein gewagtes Spiel, denn das Schmollen kann sich gegen einen selbst wenden. Da sollte man sich lieber an das buddhistische Sprichwort halten: »Schmolle nicht, denn du kannst nicht wissen, wann sich jemand in dein Lächeln verliebt.«

Was sind Muskelkrämpfe?

Ihr rennt, und plötzlich verhärtet sich euer Wadenmuskel, und ihr habt richtig fiese Schmerzen. Ihr müsst stehen bleiben, euch hinlegen, und vielleicht schreit ihr sogar um Hilfe. Ihr habt einen Muskelkrampf.

Krämpfe entstehen, wenn sich ein Muskel ungewollt zusammenzieht. Weil er zu wenig Sauerstoff bekommt, produziert der Muskel große Mengen an Milchsäure. Aufgrund der Säure zieht er sich zusammen, und das bewirkt den Schmerz. Damit der Schmerz aufhört, sollte man den Muskel dehnen und so die Verkrampfung lösen. Außerdem kann man ihn mit Eiswürfeln kühlen. Die Kälte betäubt den Muskel und lindert den Schmerz.

Muskelkrämpfe haben meistens zwei Ursachen: Entweder fehlt euch das sportliche Training, oder ihr seid müde. Man kann das Risiko, einen Krampf zu bekommen, vermindern, indem man sich vor dem Sport langsam und vorsichtig warm macht, sich nicht überanstrengt, viel trinkt, um das beim Schwitzen verlorene Wasser im Körper zu ersetzen, und die Dehnungsübungen am Ende nicht vergisst.

Ob man nun Sport treibt oder nicht: Viel trinken ist auf jeden Fall wichtig. Menschen, die nachts oder morgens unter Krämpfen leiden, haben mit Sicherheit tagsüber nicht genug Wasser getrunken.

Geht's euch gut? Seid ihr bereit für einen Marathonlauf? Wenn ihr nur genug trinkt, dann sind doch die 42,195 Kilometer gar nichts. Das könnt ihr locker schaffen ...!

Was ist Zeit?

Wir benutzen Zeitangaben dazu, um Veränderungen in der Welt festzuhalten. Hier ein Beispiel: »Gestern hat es geregnet, heute regnet es nicht mehr, und morgen wird es vielleicht regnen.«

Doch wenn wir von gestern, heute und morgen reden, sprechen wir nur darüber, wie die Zeit gemessen wird. Damit ist noch nicht gesagt, was Zeit überhaupt ist. Und das ist ganz und gar nicht dasselbe! Das Zeitmaß ist nicht die Zeit selbst, so wie das Gewicht eines Kuchens auch nicht der Kuchen selbst ist.

Also, wie kann man dann die Zeit erklären? Wenn wir beispielsweise sagen, dass die Zeit ein unendliches Band ist, dann bringt uns das auch nicht weiter. Denn wir haben keine Vorstellung davon, was die Unendlichkeit ist.

Und was wissen wir über den jetzigen Augenblick? Wenn wir ihn nicht erklären können, kann man ihn dann wenigstens messen? Betrachten wir das Wort »jetzt«. Ist dieses Wort wirklich geeignet, um die Gegenwart zu messen? Nicht wirklich, denn zwischen dem Augenblick, indem ihr beginnt, es auszusprechen, und dem Moment, wo ihr es gesagt habt, liegen einige Bruchteile von Sekunden, die dann schon wieder in der Vergangenheit liegen!

Es gibt also 1001 Fragen, die wir zum Thema Zeit stellen könnten. Zu dumm, dass wir an dieser Stelle keinen Platz und vor allem keine Zeit mehr haben, um das Thema noch weiter zu erörtern!

Was ist eine Fata Morgana?

In *Tim und Struppi – Im Reiche des Schwarzen Goldes* fahren Schulze und Schultze durch die Wüste. Plötzlich erblicken sie einen See. Schnell ziehen sie ihre Badehosen an, springen hinein und sind umgeben von … Sand!

Sind sie Opfer einer optischen Täuschung geworden? Nein. Was sie gesehen haben, war wirklich: Dass es die Fata Morgana gibt, lässt sich belegen – man kann sie sogar fotografieren. Aber was ist eine Fata Morgana?

Stellt euch eine Palme in der Wüste vor. Die Lufttemperatur ist sehr hoch, doch am heißesten ist es am Boden. So heiß, dass wenig oberhalb des Bodens die Luft zu zittern beginnt.

Aus der Ferne sieht das aus wie eine Wasserlache. Diese falsche Wasserlache und die zitternde Luft werfen die Lichtstrahlen zurück. Deshalb spiegelt sich die Palme in der Pfütze und erscheint umgekehrt. Man nennt das auch eine Luftspiegelung. Unglaublich! Aus diesem Grund dachten Schulze und Schultze, vor ihnen liege eine Oase.

Man muss allerdings nicht unbedingt in die Wüste fahren, um so eine Fata Morgana zu erleben: Im Hochsommer kann man auch bei uns entlang der Straße auf dem Kopf stehende Autos sehen, die sich in einer Wasserpfütze zu spiegeln scheinen.

Was ist Terrorismus?

Unter Terrorismus verstehen wir eine Reihe von Gewalttaten, die begangen werden, um Menschen zu töten. Das Wort Terrorismus ist vom lateinischen *terror* abgeleitet, was Angst bedeutet.

Terroristen können jederzeit und an jedem Ort angreifen. Ihr Ziel ist es, Panik in der Bevölkerung zu verbreiten, ein Land und seine Regierung zu schwächen oder eine Regierung zu stürzen.

Es gibt mehrere Arten von Terrorismus. Ein Terrorist kann allein handeln, ohne Mitkämpfer und ohne Anführer. Wenn allerdings ein Flugzeug in ein Gebäude gesteuert wird, wie am 11. September 2001 in den USA, handelt es sich um ein Attentat, das von einer geheimen Gruppe organisiert wurde. Man spricht hier vom organisierten Terrorismus.

Wenn eine Regierung ihre Macht bedroht sieht und deshalb politische Gegner, die sich ins Ausland geflüchtet haben, ermorden lässt, liegt ein Fall von Staatsterrorismus vor.

Manchmal scheint in armen Ländern der Terrorismus die einzige Möglichkeit zu sein, Krieg zu führen. Da werden Attentate begangen ohne eigene Armee, ohne Panzer und Flugzeuge. Die Kämpfenden töten einander und verbreiten Panik, Angst und Schrecken: Sie hoffen, so ihre Ziele zu erreichen. Meistens bewirken sie damit aber nur weiteren Hass und Gewalt …

Was ist ein Wasserspeier?

Er kann die Form einer Schlange, eines Drachen, einer geflügelten Hyäne, eines Teufels, Löwen oder eines vor Angst verzerrten Menschengesichts haben. Sein großer Mund ist weit aufgerissen. Er sitzt ganz oben am Giebel von mittelalterlichen Kathedralen und schaut von dort auf uns herab. Die Rede ist vom Wasserspeier.

Früher lief das Regenwasser am Dach der Kathedrale hinunter, füllte die Dachrinne und floss dann in die Wasserspeier, die es auf die Passanten spuckten. Heute haben die Wasserspeier ihre frühere Funktion verloren, das Wasser läuft durch Rohre in die Abflusskanäle.

Seit dem 12. Jahrhundert gibt es Wasserspeier. Warum sehen sie so furchterregend aus? Man hielt sie für Darstellungen des Teufels! Einer alten Legende zufolge begannen diese Steinstatuen zu heulen, sobald eine Hexe oder ein Dämon sich der Kirche näherte. Brrr, ganz schön unheimlich …

Wasserspeier wurden von echten Künstlern, von berühmten Steinmetzen, angefertigt, und jeder sieht anders aus. Ihr könnt sie an fast allen europäischen Kathedralen bewundern, von Frankreich bis Deutschland, von England bis Spanien. Allein am Kölner Dom sind 108 Wasserspeier zu sehen!

Es gibt sogar Wasserspeier aus Metall an einem Wolkenkratzer, dem 1931 erbauten Chrysler Building in New York! »Plitsch-platsch!«, macht der Wasserspeier, wenn er Wasser auf die Köpfe der erschrockenen Leute spuckt, die gerade unter ihm vorbeigehen.

Was ist das längste Buch, das je geschrieben wurde?

Auf diese Frage hört man oft die Antworten: »die *Bibel*«, »*Harry Potter*« oder »das *Mahabharata*«. Okay, zählen wir einfach mal die Seiten und vergleichen.

Die *Bibel* hat 2000. *Harry Potter* umfasst in der Taschenbuchausgabe etwa 2500 Seiten. Das *Mahabharata* ist ein indisches Gedicht mit 250 000 Versen aus dem 4. Jahrhundert vor Christus. Angenommen, auf eine Seite passen 40 Verse, dann ergibt das insgesamt ungefähr 6250 Seiten. Dazu kommen außerdem noch die Seiten mit Anmerkungen, auf denen die einzelnen Personen erklärt werden.

So ist tatsächlich das *Mahabharata* das längste Buch, das je geschrieben wurde. Wer der Verfasser war, weiß man nicht. Es ist jedoch anzunehmen, dass es wie bei der Bibel mehrere Autoren gab.

Davon abgesehen, gibt es aber noch ein anderes Buch, das die Bezeichnung »längstes Buch der Welt« verdient hätte. Es heißt *Bhutan: Odyssee durch das Königreich*. Dieses Werk wurde 2003 von einem Professor mit Namen Michael Holey verfasst und ist dem wenig bekannten Land Bhutan gewidmet. Das Buch ist 2,13 Meter hoch, 1,52 Meter breit und wiegt 60 Kilogramm. Allerdings hat es nur 112 Seiten. Trotzdem ist es keine geeignete Lektüre für eine Busfahrt. Davon muss sogar dringend abgeraten werden …

Was ist ein Lichtjahr?

Ein Lichtjahr ist die Strecke, die das Licht innerhalb eines Jahres im Raum zurücklegt. Doch Vorsicht, man muss schon genau rechnen.

In einer Sekunde legt das Licht 299 792,458 Kilometer zurück. (Hier noch einmal in Worten: zweihundertneunundneunzigtausendsiebenhundertzweiundneunzig Kilometer und vierhundertachtundfünfzig Meter.)

Ein Jahr hat 365,25 Tage, das sind 31 557 600 Sekunden (einunddreißig Millionen fünfhundertsiebenundfünfzigtausendsechshundert Sekunden). Die Strecke, die das Licht in einem Jahr zurücklegt, ist also: 299 792,458 mal 31 557 600, das macht 9 460 730 472 580,800 Kilometer (neun Billionen vierhundertundsechzig Milliarden siebenhundertdreißig Millionen vierhundertzweiundsiebzigtausendfünfhundertundachtzig Kilometer und achthundert Meter).

Weil die Zahlen so lang sind, ist es für die Sternenforscher einfacher, in Lichtjahren zu rechnen. Nach dieser Berechnung ist die Erde 8,32 Lichtminuten von der Sonne entfernt (149 656 395,03 km). Das heißt, das Licht der Sonne braucht 8,32 Minuten, um auf der Erde anzukommen. Der Mond hingegen ist nur 1,28 Lichtsekunden von der Erde entfernt (384 402 km).

Auch ihr könntet euch leicht darin üben, in Lichtgeschwindigkeit zu rechnen! Statt zu sagen: »Ich wohne zehn Kilometer entfernt«, teilt die Zahl 10 einfach durch 299 792,458 und sagt dann: »Ich wohne 0,0000333564095 Lichtsekunden entfernt.« Das ist zwar mühsamer auszusprechen, aber zugleich ist es doch so viel moderner!

Was ist ein Rassist?

In einer Schulklasse gibt es Weiße, Schwarze, Asiaten, Kinder mit Brille, Blonde, Rothaarige, Große und Kleine … Zwischen den Menschen gibt es offensichtlich körperliche Unterschiede. Kann man aber deshalb sagen, dass eine Person weniger intelligent ist als eine andere, nur weil diese Person eine andere Hautfarbe hat? Nein, bestimmt nicht. Wer das denkt, ist ein Rassist.

Rassismus kann nicht nur bei einem einzelnen Menschen auftreten, sondern auch innerhalb einer politischen Partei oder einer Regierung. So gab es etwa in Südafrika und in den USA lange Zeit rassistische Gesetze, welche die Schwarzen benachteiligten.

Man hat die Unterteilung der Menschen in Rassen oft mit den Unterschieden zwischen den Menschen begründet. Doch seit der Mitte des 20. Jahrhunderts ist bewiesen, dass zwei Personen derselben Hautfarbe sich genetisch manchmal viel stärker voneinander unterscheiden als zwei Personen verschiedener Hautfarbe. Jeder Mensch hat zwischen 20 000 und 25 000 Genen, und nur vier dieser Gene sind für die Bestimmung der Hautfarbe zuständig.

Das Verfahren, die Menschen in Rassen einzusortieren, hat deshalb keinerlei wissenschaftlichen Wert. Rassen gibt es in der Forschung jedenfalls nicht. Man spricht eher von Populationen, und alle Menschen gehören biologisch gesehen zu einer Familie.

Aus diesem Grund kann man problemlos Transplantationen, also Organverpflanzungen, zwischen Menschen verschiedener Hautfarbe vornehmen. Das heißt, man kann einem Weißen das Herz oder die Niere eines Menschen mit schwarzer oder gelber Hautfarbe einsetzen.

Was ist Science-Fiction?

Außerirdische, Roboter, Zeitreisen und Raumschiffe: Man findet sie in Science-Fiction-Romanen. Oft, aber nicht zwangsläufig berichtet die Science-Fiction (oder auch abgekürzt: SF) über das Weltall. Eigentlich immer handelt sie von der Zukunft und von ganz außergewöhnlichen Erfindungen.

Nehmen wir einmal an, dass eine Person auf dem Planeten XYZ-0827 lebt. Unsere Person geht spazieren, wobei ein blauer Roboter auf ihrer Schulter hockt und durch Gedankenübertragung mit ihr spricht. Damit sind wir schon mitten in einer Science-Fiction-Geschichte.

Stellen wir uns jetzt vor, dass eine Person von der Arbeit nach Hause kommt und feststellen muss, dass Dracula und Frankenstein in ihrem Esszimmer sitzen, fernsehen und dabei Chips knabbern. Jetzt sind wir in einer fantastischen Geschichte.

Science-Fiction erfindet Welten, in denen alles möglich ist. In fantastischen Geschichten aber passiert im gewöhnlichen Alltag auf einmal etwas Übernatürliches. Die sogenannte Fantasy-Literatur hingegen handelt meistens von der Welt der Hexen und Zauberer.

Klar, das alles entspricht nicht der todernsten Wirklichkeit. Hopp, hopp! Schnippt mit den Fingern, und – Zzzummm! – beamt euch schnell in die Küche eures besten Freundes auf den Planeten Exonova-13B. Dort gibt es nämlich Alien-Pudding mit Saturn-Karamellsauce zum Tee!

Was ist der bekannteste Film der Welt?

Zurzeit ist *Titanic* von James Cameron aus dem Jahr 1997 der bekannteste Film der Welt. Ihn haben 128 Millionen Menschen in den USA, 17 Millionen in Großbritannien und 18 Millionen in Deutschland gesehen. Ganz zu schweigen von den anderen Ländern des Erdballs. Lange Zeit war er mit Produktionskosten von 200 Millionen Dollar auch der teuerste Film der Welt.

Doch gab es auch noch andere Welterfolge im Filmgeschäft, zum Beispiel die dritte Folge von *Herr der Ringe: Die Rückkehr des Königs* von Peter Jackson (2003), *Ben Hur* von William Wyler (1959) und *Vom Winde verweht* von Victor Fleming (1939). Auch diese Filme erzielten zu ihrer Zeit Besucherrekorde.

Ein für seine Zeit außergewöhnlicher Film stammt von dem Amerikaner D. W. Griffith: *Die Geburt einer Nation* aus dem Jahr 1915 erzählt vom Krieg zwischen den amerikanischen Südstaaten und Nordstaaten im 19. Jahrhundert. Dieser Stummfilm ist nicht nur weltberühmt, weil ihn so viele Leute gesehen haben, sondern auch, weil er der erste lange Spielfilm war, der gedreht wurde. Er dauert 2 Stunden und 37 Minuten.

In diesem Zusammenhang sollten wir aber auch den allerersten Kinofilm nicht vergessen: *Arbeiter beim Verlassen einer Fabrik* wurde von den Brüdern Lumière gedreht und am 22. März 1895 zum ersten Mal in Paris gezeigt. Er ist der älteste Vorfahre von *Titanic*.

TITANIC

Thematisches Inhaltsverzeichnis

Zusammenleben

Geschichte

Glaube

Gefühle

Weltall

Gesellschaftskunde

Körper und Geist

Natur

Ungewöhnliche Fragen

Kunst

Technik

Dies und das